ライオンを飼いたい

障害者支援の手前にあるもの

大久保 薫・大友愛美 著

中央法規

はじめに

もう20年ほど前のこと。全介助の車いすの彼と、随分遅い「おじさん二人の新年会」のために居酒屋に行ったときのことだ。ガラガラと店の引き戸を開けると、「こんばんは。今年もよろしくお願いしますね」と60歳前後のマスターが明るく話しかけてきた。マスターと二、三言葉を交わしながらカウンターにほどよく車いすをセットする。こちらが落ちついた頃を見計らって、マスターが声をかけてきた。

「瓶ビールにストローでしたよね」

心のなかで少し驚きつつ、「はい、お願いします」と返答してから、左横の車いすの彼に「さすが常連さんだね」と話した。すると、彼曰く「いや、今日で3回目」(つまり常連ではない)とのことだった。さらに心のなかで驚く。

彼が飲むビールの介助をしつつ、自分も彼と同じくコップに瓶ビールを注ぐ。話は暮れの紅白歌合戦のことやら新しく入った学生ボランティアのことやら。大笑いしながら新年会は過ぎていく。「ビールの介助」と簡単に書くが、彼がビールを飲みたいタイミングやビールの量、ストローの口への当て方(唇の場所、深さ等)、首や身体の角度などなど、気にかけていることは無数にある。この無数に気にかけながら実行していることは、たぶん「支援」に入るし、されている感がなく彼にとって自然であれば、かなり「プロっぽい」といえるはずだ。
店を出て家路につく途中、車いすを押す自分に向かって、彼は少し笑いながらつぶやいた。
「すぐに、瓶ビールにストローなんて……、福祉の人から出てくるかなぁ」
全介助の彼は、支援の範疇に入るだろう自分の無数の気配りのことではなく、違うことを自分に突きつけてきた。それを聞いて、酒の上の話だとか口がうまい店主の話ではすまない、支援を生業としている人たちが、いや、それも含めて支援そのものや人への感性や眼差しが問われていると感じた。

時代は進み、制度のなかで「支援」という言葉が、とてもたくさんに増えてきた。住みやすい、暮らしやすい世の中に向かうためには重要なことだ。ところが、この支援の意味をとらえることははなはだ難しい。特に、人と人が向き合うことになる支援では。

福祉の支援というと、ソーシャルワークが思い浮かぶかもしれない。アウトリーチやネットワーキングなど必要な技術が、これまでの学問によって整理されている。しかし、生身の人間同士が時にぶつかり、時に肩を組む実践現場は無秩序な混沌（カオス）の中にいる。それらは俯瞰すればソーシャルワークの枠組みで説明できるのかもしれない。しかし、それは外からの説明に思えてならない。混沌は混沌として受けとめ、そこを出発点にして、外からではなく、その場所から混沌とともに思考するのも支援といえないだろうか。

いや、考えすぎずにそれぞれの制度の趣旨に従って、どこかで学んだとおりに支援すればよいのかもしれない。しかし、しかしである。その支援によって、本来「利用者」は幸せに向かうはずなのに、実は「支援者」の思いどおりに利用者が制御、統制されているに過ぎないと感じる場面が多い。

そもそも支援という営みは、手伝いや支えることをしながらも、それを通り越して「利用者」の主体を侵す危険性を常にはらんでいる。さらに支援が制度によって行われる場合、制度上の支援と実際の支援の間にはかなりの距離がある。「支援と制度に親和性はあるのか」。考え出したらきりがない。

今日もあちこちで「支援」は続く。休みない支援のなかにあっても、あの日の店主のように、目の前のその人を感じて、ごく自然に「瓶ビールにストロー」とサラリといえるような自分でいたいと思う。

支援とは何なのか、あるいは何ではないのか。この本を通じて「支援」を探す旅に出てみたい。

2024年12月　大久保 薫

CONTENTS

序章

基盤となるもの――「福祉とは何か」

1 「福祉」とは何をする仕事なのか

福祉を考える原点

「そもそも」を考えるのが好きだ。

「そもそも」何のためにとか、「そもそも」誰が言い出したのだろうとか、「そもそも」を考えることで、自分の進む方向を見定めることがある。「そもそも」福祉とは何だろう。福祉の仕事とは、「そもそも」何をする仕事なのだろう。くり返し、くり返し、自分に問いかけてきた。

かれこれ40年前、社会福祉学科の専門科目の最初の講義で見せられたビデオ映像で、当時、日本女子大学の教授だった一番ケ瀬康子氏が「福祉とは幸せのこと」「人間として当然の幸福を追求する権利を守る社会を作ることが社会福祉だ」というような話をされており、そこが私の福祉を考える原点となっているのは間違いない。もちろん、そのときは深く理解できていたとはとてもいえない。けれど、新入生だった私の心に「福祉」とは「幸せ」を意味する言葉というフレーズが確かに深く刻まれた。

福祉という文字は、「福」も「祉」も幸せを意味する文字だと、漢和辞典に書いてある。どんな人にも、幸せになりたいと願い、そこに向けて生きていく権利がある。福祉が福祉である絶対条件は、おそらく「幸せ」について考えているかどうかということなのではないだろうか。それはもちろん、「他者の幸せについて」だ。

正直に告白すれば、私が社会福祉学科に入学したのは、自分よりも困難な状況にある人たちに手を差し伸べたいと思ったからだった。そこには確かに、幸せにしてあげたいという気持ちが働いていたが、必ずしも「他者の幸せについて」考えたかったからではなく、自分の立ち位置から世の中を眺めて、自分の価値観で幸せを決めつけて、そこに連れていくお手伝いをして、最後は感謝されて終わる、そんなイメージだったように思う。それはつまり、自分が幸せを感じるために、他者を必要としていただけだったのだと気づいたのは、ずっと後になってからのことだ。

幸せを求める権利

私自身にも幸せを求める権利はある。けれど、日常生活のなかで、自分の幸せについていちいち考えているかと問われれば、あまり考えたことがない。振り返ったときに、この時期が幸せだったとか、今が一番幸せなのかもしれないなどと思うことはあっても、こうなることが私の幸せだとか、ここを解決して幸せに近づこうなどと考えて生きているわけではない。自分がどうなったら幸せなのかもよくわからないのに、他者の幸せを真剣に考えるというのは、雲をつかむような話にも感じられる。それでも私たち福祉従事者は、その「幸せ」になるためのプロという職業を選択してしまったのだ。経験したことのない、自分とは違う他者の幸せに向き合うためには、どうしても自分の立ち位置から出ていかなければならない。自分が大切につくり上げてきた価値観をそこにおいて、新しい価値観にふれなければならない。ふれるだけではなく、受け入れていかなければならない。

「福祉の仕事は、役者の仕事に似ているかもしれない」と思うことがある。自分とは違う誰かの人生を体験して、受け入れて、理解していくプロセスは、役者がその人になりきろうと努力するときのプロセスに似ているように思う。もちろん、私たちは演じることはしない。なぜなら、私たちの目的は、そうやって想像して、相手の幸せの感覚を理解することなのだから。

「そもそも」福祉はそういう仕事だと思う。たとえ今、幸せを感じられなくても、人生を終えるときに、「まあまあ、幸せだったな」と思ってもらえたら、それはそれで私たちの仕事は成功なのかもしれない。

2 私をスタート地点に立たせてくれた人びと

スタートは入所施設

最初の現場は知的障害者のための入所施設だった。当時の施設は、今とは時代が違っていて、自分で選んで入所することはできなかった。彼らには、そもそも選択する権利がなかったのだ。とはいえ、制度は制度として、実際には、希望者が施設と直接交渉をするということがなかったわけではない。私もたくさんの入所希望者と面談をした。7年間入所相談の仕事をして、100人近くの相談を受けたと思う。そのなかで本人が入所を希望して相談に来たのは、たった2件だった。つまり、知的障害者入所施設に入所している人は二重の意味で権利を失っていた。施設を選択できない制度だということと、自分以外の誰かの決定で入所するということだ。

今と違って、知的障害者が利用できるサービスは限られていたので、最重度で全介助の人から、ごく軽度で一般就労が可能な人までが入所施設で生活していた。新人職員は多くをこの軽度の利用者たちから教わることになる。どこに何があるのか、この件で困ったら誰に相談すればいいのか、職員の名前が出ることもあれば、利用者の名前が出ることもある。何せここは彼らの生活の場であり、新人職員はそこに入ってきた新参者である。礼儀としても、また実際的な問題としても、利用者に従うのがもっとも筋が通っていた。

知的障害の程度が軽度で言葉を使いこなせる利用者たちは、よく自分の生い立ちを語ってくれた。養護学校（現・特別支援学校）がまだ義務化されていなかった時代に義務教育の年齢だった人たちのなかには、まるで小学校に入学するような感覚で児童施設に入所することも多かったようだ。事情をよく理解しないままに〇〇学園に入所して、今度は18歳になったからと、これまたよくわからない事情でこの施設に移ってきた。そして、縁もゆかりもないこの場所で残りの生涯を送るのだ。そのことを理不尽に思っている人もいたが、多くの利用者は受け入れていように見えた。何よりそれ以外の選択肢を知らなかった。

新人職員の指導係のようにふるまう利用者と外出すると、別人のような姿を目にすることがあった。施設の人たちとは流暢に会話し、職員に冗談を言い、時には職員の仕事の不備を指摘したりする人が、レジでおどおどしてうまくお金が払えない。店員にちょっとした質問をすることができない。まるで、知的障害者を演じているみたいだと思うこともあった。しかし、それが彼らの障害なのだ。

施設に入所している人たちは、確かに全員知的障害者である。だからといって、何もできない人たちではない。しかし、彼らは小学生の年齢から施設で生活をしている。友達のうちに遊びに行くことも、一緒に遠足のおやつを買いに行くことも、友達の誕生日のプレゼントを選ぶこともなく、施設の中で暮らしてきた。知的障害だからできないのではなく、経験する機会を奪われたからできないのではないのか。そんなことを考えながら、毎日毎日体験する日々だった。

この人たちに「どうなりたい?」とか「どうなったら幸せ?」とかを聞くこともあった。彼らの多くは「ここでみんなと一緒に暮らすのが幸せ」と答える。当たり前だ。施設がこの人たちの世界のすべてで、施設の外での生活を見たことも聞いたこともない。そんな状況におかれてきた人たちに「幸せ」を尋ねることはフェアではない。ましてや、40代、50代の人たちからは、何十年もこの世界に閉じ込めておいて、いまさら外の世界の幸せを強要しないでほしいと言われているように感じることもあった。

後にグループホームが制度化されていくと、お泊まり会感覚でお試し利用した人たちが、施設を出てグループホームで暮らしたいと次々に主張するようになっていった。その人たちの暮らしぶりを見て、「施設が一番幸せ」と今まで話していた人たちも、施設を出たいとかアパートで暮らしたいと主張するようになっていった。

私の恩師たち

この人たちとのかかわりが、私の福祉の原点となっている。人はとてもたくましい。与えられた自分の世界のなかで、それぞれに幸せをつかもうとする。だから、選択肢がなければ、卒業式のないいつまでも続く集団生活のなかでも、幸せを見つけることができる。それはそれですばらしいことだし、尊いことだとも思うが、本当に「それでよし」としてよいのだろうか。だって、私はこの人たちに教わって、施設での仕事に馴染んでいった。この人たちは、いわば私の恩師なのだ。

こんなふうに、あきらめとセットで手に入れた幸せを応援することでよいのだろうか。もちろん、誰かの幸せを、他者が「こんなものは幸せではない」と決めつけるのも大変失礼なことだとわかっている。しかし、それをわかったうえで、やはり私は怒りにも似た気持ちをもった。

これは、何か間違っている。

私たちの仕事は、相手の幸せを応援する仕事で、その幸せは障害を理由にあきらめるべきではない。

世の中にはたくさんの○○福祉がある。私はたまたま障害分野で福祉をすることになった。児童福祉、高齢者福祉、生活困窮者や外国人への福祉。さまざまな分野で福祉の仕事をしている人たちがいる。私は、障害を理由に幸せをあきらめなくてもよくするための仕事が障害者福祉だと思っている。おそらく、多くの他の○○福祉の従事者も同じように思っているはずだ。○○を理由に幸せをあきらめなくてもよくなるように働いているはずだ。

あの頃、私にたくさんのことを教えてくれた恩師たち。もう亡くなってしまった人もいる。今もあの施設の中で暮らし続けている人もいる。今でも私は考える。私に「福祉」を教えてくれたあの人たちは、幸せでいるのだろうかと。

3 もう一つの「福祉」

怒りのエネルギーと正義

怒りにも似た感情をベースに、私は福祉の仕事を続けてきた。この怒りは、実は今でも持ち続けている。怒りを原動力にするのはあまりよくないと今では思っているけれど、かといって怒りの炎を消す必要もないと思ってやってきた。幸か不幸か、どんなときもこの怒りの炎は完全に鎮火することはなかった。しかしながら、この怒りを原動力にする仕事ぶりで、何度か失敗もしている。今も火は燃えているが、そこだけに頼ってもいない。

昔話ついでにもう一つ施設職員時代の話をしたい。当時は、今のように労働基準とか働き方とかに目を光らせる時代ではなく、働くことに制限の少ない時代だった。この怒りの炎を原動力にした場合、当然の結果として、相手の幸せのためには多少の無理は当然という価値観が生まれてくる。その価値観はある意味とても正しいので、誰も止めることができない。正しいことを止める理由をつくるのはとても難しいうえに、怒りの炎がどんどんエネルギーを供給してくれるので、正しさを信じる私たち職員はあるべき施設を作るために、働き続けることができた。しかし、それは大変危険な働き方でもあった。

正しさを受け入れる人は、知らず知らずのうちに正しさについてこられない人を攻撃したい気分になっていく。正しさについてこられない人たち、あるいは考え方は理解できるがそこまではできないというような立場の人たちもまた、自分と違う立場の人を疎ましく思っていく。正しさがチームを分断していくような感覚だ。表面化させたら、福祉を職業にする人でなくなってしまうとみんな気づいているので、なんとか取り繕うわけだが、それがまたストレスとなる。最後は、そう思っているに違いないとか、思われたに違いないとかを理由にして、何が事実で何が自分の思い込みかの区別もつかなくなり、あるとき自分の世界から色が消えてしまった。

これは半分比喩だが、半分は本当に色が消えた感覚だった。世界にグレーの幕がかかったみたいになり、あんなに美しいと思った新緑や、刈入れを待つ金色の麦畑を見ても、色を感じなくなってしまった。結局、私は利用者の幸せを放り投げて施設を辞めた。施設が嫌になったとか、利用者が嫌になったとか、そういうことではなかったけれど、気づくと私自身が全く幸せではなかった。働きすぎだったし、正しさに縛られすぎだった。自分が自分以外の人から大切にされている感覚がなくなっていた。

昔の職場を悪く言いたい気持ちはかけらもない。むしろ、私は自分のスタート地点をつくってくれた施設に心から感謝している。しかしながら、事実は、私自身も一人の弱い人間であったことを示している。

幸せの意味と福祉に従事する人

福祉は「幸せ」という意味だと書いたが、もう一歩踏み込むと、「幸せ」は「誰もが人として大切に扱われる権利」なのではないかと思う。○○を理由に幸せをあきらめないということとは、〇〇を理由に人として大切に扱われなくてもよいということにはならないという意味だと思う。私たち福祉従事者は、どんな人にも大切に扱われる権利があるということを、大真面目に信じている。世の中には、そんなものはきれいごとだと一蹴する人がいることもよくわかっているし、そう考える人がまだまだ多いのが社会の現実だということも知っている。福祉従事者はそのきれいごとを真に受けて取り組む専門職なのだと思う。

だからこそ、だ。

だからこそ、自分自身の、人として大切に扱われる権利は放棄してはいけない。働く人たちが人として大切に扱われること抜きに、利用者が人として大切に扱われることは実現しないと、今では強く思っている。どんなに正しくても、その正しさが凶器となって自分や他者を傷つけるなら、それは福祉的ではないことになる。

今では当然のようにいわれるチームづくりは、そういう意味でももう一つの福祉の側面であるように思っている。働く人がチームによって守られ、チームによって大切にされ、チームのなかで育っていくことなしに、本当の福祉を実現することはできない。かつての私なら、このような福祉の文脈で職員の権利を主張するようなことはしなかったと思う。職員が自分のことばかり考えて利用者のことを考えない現実を嘆き、非難し、正そうとしただろう。

しかし、利用者のことを考えられないという状態は、他人に糾弾されて改善させられるようなものではない。なぜなら、もし、改善することがあるとすれば、それは福祉とは何かということを、職員自身が体験したときに、自ら気づく種類のものだと思うからだ。
自分自身の福祉を考えることもまた、福祉に従事する人の仕事なのだ。

障害者支援の手前にあるもの

執筆以前　2021年、冬のある日の北海道　自動車で移動中の2人の会話

本書の企画の原点「カタカナソーシャルワーク」の話に至るエピソードを振り返る

大久保：さっきの勉強会で多職種連携が難しいって、そんな相談を相談員から受けたんだよね。

大友：多職種で仕事をするには自分たちの職種の立ち位置なんかをしっかり把握してないと難しいですよね。ソーシャルワークとは？とか。そのあたり、最近の大学ではどうですか？

大久保：自分は最近かかわったばかりなのでよくわかってないと思うけど、そのなかでも授業で教えるカタカナのソーシャルワークの言葉が学生に本当に役に立っているのかどうかと、心配になることがあって。この話、現場で役に立つのかと思うことがあるんだよね。

大友：確かに。教科書に載っているアセスメントとかインテークとか、それを学んだからって現場でいい支援ができるわけではないよなって、思ったりしますね。

大久保：最初からあったわけじゃなく現場から生まれたカタカナ用語なんだろうけど、現場のことが見えないまま、抽象化されたことだけ伝えたって、わかんないんじゃないか？って。どんどんカタカナの言葉も増えていくばかりだし。そこには、生身の人間の温度もない気がする。

大友：専門職というイメージは、方法論が確立しているイメージだけど、福祉の場合は人相手なので、そう簡単に教科書どおりにうまくはいかないですね。大学の研究ベースでは確立し得ないものもあるだろうし。

大久保：現場が意識されないままの、活字に整理されたソーシャルワークや福祉のなかには、人や生活は、存在しないとも思うよね。

大友

福祉の実践理論が確立していなかった時代には、ミッションとして理論を整理する必要があったけれど、いざ整理して、振り返ってみたら利用者がついてきてなかった、みたいな印象があるんですよね。

大久保

いまはある程度制度も整ったので、制度からものを考えるという尺度をもつ人が増えた。サービスがまだない時代に、不便だったので制度をつくり上げてみたら、制度どおりに利用したい障害者はいなかった、というのと同じかも。

大友

制度が整えば、制度に利用者を合わせる仕事を、熱心に誠実にこなしたいと思う人も増えるし。スマートに整理したくなる気持ちはわかる気がする。

大久保

サービス事業所側も混沌とした状態では報酬が得られないから、整理して切り分けて枠に乗っけることになるんだろうし。利用者もそうで、自分で整理して制度に合わせていかなければならないような状況もあるなぁ。

大友

そこに寄り添うのもソーシャルワークってことか。

大久保

さっき出ていた「カタカナソーシャルワーク」に戻ると、スマートになればなるほど、専門性って認められるとは思うんだけど、でもそれだけでは手が届かない人がいる、と実感していて。人の生活丸ごとを支えることや課題を解決することって、カタカナだけじゃ難しいんじゃないかなと。

大友

ソーシャルワークと聞くと、なんだかカッコいい仕事みたいだけど、実際はもっと泥臭いというか、カッコ悪い仕事もあるというか……。そのあたりのこと、言語化したくなってきました。

視点：本人主体

1
「してあげる支援」はいらない

日々の生活で無意識に言葉にする「してあげる」。
でもよくよく考えてみると、なんだか偉そうだし、
押しつけがましい。昨今の「本人主体」という理念は、
「してあげる」と何が違って何が同じなのか。

1 してあげない支援

「してあげる」と「してあげない」

してあげる支援はイヤだ。「してあげる」という響きが上から目線で偉そうで。そこには「支援」の対象者を弱くて力のないものとし、支援をする側を強く力があるものとする考え方、上下関係の構造が見え隠れする。人に対しては、通常は必要ないだろう「管理」という言葉も透けてみえる。だから、その反対の「してあげない」支援がよいのではないか。自分がそうしてほしいように、自分の近しい人たちもそう扱ってほしいように、どんな状態でも人を真に尊重する支援の態度、価値観。そんな支援がいいと思う。

ただ、ちょっと待てよ。「してあげない」支援にしても、「支援」することには変わりない。「支援」というからには、そこには人と人がいる。人と人の間に上下関係や管理関係を持ち込まないとしても、何らかの行為としての「支援」が存在する。ここには、もう少し考える余地がありそうだ。

そもそも、その人の人生はその人のものであり、その人生を歩くのもその人である。その事実を前にして「支援者」といわれる者ができることは、たかが知れている。支援者に出番がなければ、それが一番よいのではないか。支援者だから「支援」するのではなく、その逆。いかに「支援」しないか。これであれば、「してあげる」ことにもならない。

いやいや、ちょっと待ってくれ。「支援」が必要だから支援者も必要なのだろうといわれるかもしれない。そのとおりである。しかし、この〈「支援」が必要だから〉がくせ者だ。その必要性を十分吟味したうえで、「支援」が実行されているのか。乱暴な言い方をすると、そこには制度や仕組みは関係ない。もちろん支援者の考え方、都合も関係ない。

その人の暮らしのために、その人の今と未来のために、どんな「支援」が必要なのかという問いに対して、真摯に慎重に丁寧に向き合っているのか。家族の思いを考慮する必要性は否定しない。地域にある資源や制度の諸問題を考慮することも否定しない。しかし、それらはいったん脇に置き、たとえ障害が重いとされる人であっても、まだ幼いこどもであっても、本人自身がどう生きたいのか、どのように暮らしたいのか。本人が言葉にできないとしても、本人の言葉や態度から可能な限りつかみ取る。

いかに「支援」しないかを実現するためには、まず〈すべきこと〉を理解する必要がある。そのうえで〈すべきこと〉こと以外はしない。つまり、〈すべきこと〉ことの発見が第一義的課題ということになる。

〈すべきこと〉の発見

自分と自分以外の人や機関など、あらゆる英知と力を集め、支援対象者が自身の人生を歩んでいけるように、支援者は可能な限り出番を少なくする。支援対象者との信頼関係がそれらの土台となる。自分の出番をいかに少なくできるのかが支援者の腕の見せどころであり、支援者の本務ではないだろうか。

〈すべきこと〉の発見とは、すなわち「支援」が必要とされる、その人を理解することだ。どんな支援だとしても、これだけは絶対に。その人の理解抜きには何も始められないし、何もやめられない。その人を理解することは容易ではない。もしかしたら永遠に無理かもしれない。それでも、目の前のその人を理解しようと不断に努力することは、支援者の本務中の本務であろう。

ところで、「してあげる」は、「〇〇してあげるか?」とか、「〇〇やってあげるよ」など日常的によく使われる言葉でもある。では、どうして「してあげる」に「支援」がくっつくとイヤな感じがするのだろう。

どうやら、この自分のイヤな感覚は、上からとか下からとか横からとか、「支援」を挟む〈相手と自分の位置〉が関係するような気がする。文字どおり「上から目線」という目線の高さがわかりやすい。相手の目線より自分の目線が上（例えば、車いすの人と立って話している自分）という状態がすぐに浮かぶ。しかし、そのような相手と自分との物理的な位置関係がイヤな感覚の元ではない。それよりも、相手と自分との社会的、心理的な位置関係が問題ではないか。車いすの人と話すときに膝を折って目線を合わせて話すことは大切だろう。だが、そのような物理的な姿勢をとっていたとしても、あるいは言葉では相手を尊重していたとしても、自分の内側では相手を尊重しない、できない自分が存在しているのであれば元も子もない。

「してあげる支援」はダメで、「してあげない支援」がいいとは、単純にはいえなくなってきた。

2 ミルクティーは週一回

■ 真弓さんのこと

小ぎれいなカフェで隣に一人、向かいに一人。ある研修会に誘ったら、その帰り道に「お茶しませんか？」と誘われた。二人とも中堅を過ぎベテランの域に入っている。一人はソーシャルワーカーで、もう一人は看護師だ。

隣の彼女はいちごパフェ、向かいの彼はカフェオレ。自分は毎日欠かせないブラックコーヒー。しばらく近況を語り合い、年を取った分それぞれの体の痛みの話などした後、向かいの彼が急に息巻いて話しはじめた。

「ちょっと信じられますか？」

「えっ、何が？」

「だから、ミルクティーが、週一回なんですよ！」

その目は明らかに怒っていた。

彼が言いたいことはこうだ。自分がかかわっている34歳の真弓さんのグループホームでは、真弓さんが大好きなミルクティーが飲めるのは週末の一回きり。真弓さんは、指折り数えてミルクティーを飲める日を待っていて、本当に楽しみにしている。しかし、実際に飲めるのは週末のみ。そんな大切な「ミルクティーを飲む日を決めるのは誰なんですか？」という問いが、彼の怒りの元のようだ。

夜8時と決まっている就寝時間や、真弓さんのトイレ介助にも違和感があると話す彼の憤りは、積もりに積もっていた。週一回のミルクティーの理由についてグループホームの責任者に求めたが、それは火に油を注ぐだけだった。

ミルクティーとしつけ

その責任者の言い分はこうだ。ミルクティーが週一回なのは、集団生活が苦手な真弓さんが「生活習慣を身につけるため」に気持ちを盛り上げる「ご褒美」だから。自分で判断できない人であり、親も利用者の言いなりだから親の代わりに「しつけ」「指導」をしている、と。「人手が足りないんだし、すべて親や本人に納得してもらっているのだから何か問題あるのか？」と、彼は逆に詰め寄られてしまったそうである。本人のために、あるいは親の代わりの「してあげる支援」というわけだ。彼の興奮はなかなか収まらない。その話を聞きながら、冷静になろうとコーヒーを口に含んで、少し目をつぶって考えてみた。

- ミルクティーを飲むことを決められるのは誰なのか
- ご褒美って小さいこどもか！（こどものみなさん、ごめんなさい）
- しつけ、指導、しかも親の代わり？
- 「自分で判断できない」からといって周囲が勝手に決めていいのか
- 一生懸命に考えて接していれば、支援の内容は何でもいいのか

そもそも真弓さんは、どんな暮らしを望んでいるのだろう。今の暮らしのなかで何が難しいとか、困っていると感じているのだろう。大好きなミルクティーだから「ご褒美」になると考えたのだろうが、それによって得られる表面的な行動

の変化ではなくて、真弓さん自身が自分の暮らしを生きていけるような、そこに向かえる支援を展開することが支援者の仕事ではないか。現場の人手が足りないという事情が背景にあるとしても、それらを含めて支援者の腕が問われるというべきであろう。

……まずい、こっちまでカッカしてきた。

3 支援のその手前

彼が担当している真弓さんは知的障害と発達障害があるとのことで、周りからは一見不可解な行動と見られてしまうことがあるようだ。それにしても、である。支援者は親じゃないし、仮に親だとしても34歳の大人に接する行為を「しつけ」というのか。

「ミルクティーは週一回」の底に流れているものはなんだろう。

親の代わりのしつけ、指導の根っこにあるものはなんだろう。

そこには、あたかも他人を自分の持ち物のように、他人を自分の意のままに扱おうとする意識が垣間見える。わたし＝指導・管理する人、あなた＝指導・管理される人、指導・管理されて当たり前の人、という関係性。

ここにある他人の扱い方は「操作」の範疇に入る。「操作」とは、自分に都合のいいように、うまく運用・処理することである。これは「してあげる」「してあげない」の手前の話、それ以前の話である。「してあげる支援」があり、「してあげない支援」があったとしても、それらは「支援」であって「操作」ではない。向き合っているその人を物のように「操る」ことではない。

支援とは、操作ではない。対人支援に操作はいらない。操作を持ち込むと、それはもはや対人支援ではなくなり、木材や金属か何かの加工工場に変わる。

4 「ミルクティー」の向こう側

ミルクティーの意味

話を元に戻そう。向かいに座る彼がかかわっている真弓さんにとって、ミルクティーにはどんな意味があるのだろうか。

自分のことを考えてみる。自分の生活にはコーヒーが欠かせない。朝は必ずコーヒー。好きな店の店主が炒った好きな豆のコーヒーが欠かせない。歯磨きしない朝が気持ち悪いように、自分にとってはなくてはならない。日中、パソコンに向かい、考えごとをするときも傍らには同じくコーヒーがある。あるというより居る。自分にとってコーヒーは、生きるうえでの相棒の一つ。とてもじゃないが、「はい、あなたのコーヒーは週末の一回ね」などと、大事な相棒との付き合い方を他人が勝手に左右するなんて考えられない。しかもそれが、しつけや指導という名前で〈あるべき姿〉に導くためだから必要なのだと言われたら、もう頭に血が上って全力で抵抗するだろう。そう、「暴れて」だって。だいたい自分の〈あるべき姿〉をあなたは知っているのか。わかっているのか。

真弓さんは、好きなミルクティーを週に一回しか飲めなくても、暴れたりはしないそうだ。暴れるだろう自分とは随分違う。

真弓さんは家では美味しそうにミルクティーを飲む。家に着いたら満面の笑みとともにまず一杯。朝食のパンと一緒に一杯、そして食後にもう一杯。グループホームへの帰り支度をしながら一杯。お母さんやお父さんとのこれまでの生活のなかで、いつの間にか真弓さんが真弓さんであるための時間とともに、ミルクティーはあったのかもしれない。習慣といわれればそのとおりかもしれないが、その習慣にも意味があるはずだ。いわゆる障害ゆえのこだわりとも片づけたくない。

誰にも自分が自分であるための時間に、何かしらの相棒がいるはずだ。自分であれば、そんなに好きな真弓さんにとってのミルクティーの意味を知らずにはいられない。そのことは素通りできない。

真弓さんにとっての〈あるべき姿〉

支援者は、その支援対象者の〈あるべき姿〉のために、熱心に「指導」「管理」（「しつけ」は論外として）という名前で「してあげる支援」をしているかもしれない。しかし、「指導」や「管理」という行いの前に、まずはその人の〈あるべき姿〉を本当に知っているのか、理解しているのかが大きな問題なのだ。支援者が考える〈あるべき姿〉ではない。真弓さんにとってのそれだ。

措置制度から契約制度に変わって久しいが、福祉サービスとしての支援は利用者の利益を守り、かつ最大の利益をもたらすために努力するという契約を交わしていることになっている。それは、支援者が考える〈あるべき姿〉を利用者に「指導」するための契約ではない。「指導」だろうが「管理」だろうが、最初にすべき仕事はその利用者にとっての〈あるべき姿〉を聴き、感じ、教えてもらい、それを懸命に理解しようとすることだ。すなわち、よくいう「アセスメント」である。それを抜きに報酬を受けることは、そもそもルール違反なのだ。「ミルクティー」は週一回」というのなら、真弓さんにとっての「ミルクティー」の意味を、真弓さんにはもちろん、関係する人たちに説明する義務がある。真弓さんにとっては、ただのミルクティーではないのだから。

5 行為の主導権

行為の対極

操作、指導、管理、してあげる・してあげないもすべて、いったん〈行為〉として括るとすると、その行為を挟んだ人たちは、わたし＝〈行為〉する人と、あなた＝〈行為〉を受ける人に分けることができる。そして「操作」も「指導」も「管理」も、その行為の主導権は操作する側、指導する側、管理する側にある。「してあげる支援」も同じ。「してあげない支援」も、してあげないことを判断して決定しているという意味では、同じく主導権は「してあげない」側にある。ここで「従」として導かれる人は、自ら主体性を放棄するかのように抵抗なく導かれるのか、自己を主張しつつ導かれるのかの間でさまざまであろうが、いずれにしても、行為の最終決定権はもっていない。すなわち〈行為の主導権〉はない。

もちろん、その人が自らの生きる環境を上手につくることが難しい場合には、周囲が主導的に環境づくりに取り組む必要がある。そうでなければ、その人がよりよく生きていく前提条件が危機に瀕する。例えば、寝たきりで知的障害が重い人の場合、室温や湿度に始まり、姿勢や食事や排泄、心地いい音や光、楽しい活動など、その人に合った環境づくりは本人から学んだ周囲が主導的に準備することになる。発達障害などの人たちのためのわかりやすい環境づくりも同じだ。これらは、大きくは社会の側の責務にもなる。

■〈行為の主導権〉の影響

〈行為の主導権〉といっても、その影響が及ぶ先は、少なくとも二つある。一つは、「その人の人生」そのものへの影響。行為する側は無意識かもしれないが、その人の「人生の主導権」にふれることになるし、場合によってはそれを握ることにもなる。そしてもう一つは、「その人が生きていく環境」への影響。その人がよりよく生きていくための「環境づくりの主導権」である。こう切り分けると、他人ができることは「環境づくりの主導権」までだろう。人生の主導権に他人が踏み込んでいいはずがない。しかし、「私はその人の人生の主導権までは握っていない」と思っていても、実はその領域まで踏み込んでいることが多い。いや、残念ながらそのような現実がたくさんある。その現実のなかでは、「人生の主導権」を手放すことに慣れてしまった人たちがいるし、そのような人たちを生産する支援が存在する。

主導権という力は、その人の毎日の暮らし、趣味趣向、その人を囲む人間関係にプラスにもマイナスにも大きな影響を及ぼす。その人の人生も変えるかもしれないという意味では、恐ろしい力といえる。日々くり返される支援現場のなかで、この恐ろしい力に無自覚であることは危険極まりない。この恐ろしさは自覚するべきであり、それが行為を行う側の最低限のルールだろう。

道路で車を走らせるときには自動車運転免許が必要なように、たとえ支援の腕が悪かろうがどうであろうが、支援者が必ず常時携帯するべきものなのだ。

視点：意思決定支援

2
「してあげない支援」は支援なのか

支援者が障害のある人に寄り添うとき、
互いにフェアであるために必要なものは何だろう。
障害特性に合った環境をつくってあげないことは、
「支援」といえるのだろうか。

1 「してあげる」の立ち位置

■「してあげる」の回想

いつの頃からか、「してあげる」と言えるようになった。

「してあげる」が言えなかったのは、「してあげる」側と「してもらう」側に上下関係を感じてしまうからだ。「してあげる」と言った瞬間から、対等な関係が壊れるような気がしていた。だから、決して言わないようにしていたし、おそらく「言え」と言われても言わなかったと思う。それほどまでに抵抗のあった「してあげる」を言えるようになったのはどうしてだろう。

「それくらいしてあげるよ」

「もっとわかりやすく見せてあげたらいいよ」

支援現場でよく使うフレーズだ。この発言は、おそらく省略形。もし、正しくすべてを表現するとしたら、

「それくらいのことをするのは私たちの仕事ですから。あなたのわがままではありません」「そんな見せ方では親切じゃありませんよ」

という具合になる。この表現は、利用者に向かっているのではなく、配慮が不足

している自分たちに向かっているのだ。この場合の「してあげる」は、「配慮すべきところに配慮する」を指している。そこには上下関係はなく、ただの丁寧語の役割くらいしかないような気がする。

「してあげる」が言えなかった頃の私は、相手の力を無意識のうちに見くびるのが怖かった。そして、実際、何度も見くびってきた。例えば、最重度の知的障害者といわれている、言葉を全く使わない全介助の利用者が、私が別の利用者の他害のターゲットになり、叩かれているのを見たとき、私に近寄り、けがをした部分をさすってくれたことがあった。私はこのとき驚いた。この最重度の知的障害のある利用者にこんな普通の行動ができるなんて思ってもいなかったからだ。

精神障害だけでなく、おそらく知的障害もあるからと、まるでこどもに話しかけるように対応されていた利用者に、初対面で自分は年下だからと敬語で対応してみたら、年相応の言葉遣いで親切にしてもらったことがある。このときも、私はとても驚き、この人は知的障害者のふりをしているのではないかと疑ったほどだった。そんな体験が他にもいろいろあった。

「してもらう人」はつくられるのか

こちらが、勝手に「できない」と決めつけ、親切心で「やってあげる」かかわりのなかで気づいたことがある。この人たちは私たち職員の、あるいは社会の期待に応えるように、何もできない「してもらう人」を演じるようになっていくのではないだろうか。そういう経験をすればするほど、私はどんどん怖くなっていった。「できない人」「してもらう人」は、職員や社会がつくっているのではないか。私たち職員の満足のために、利用者たちが努力して「してもらう人」をやっているのだとしたら、これはもはや福祉ではない。だから、「してあげる」という言葉や行為を、自由に使うことができなかった。本当は力をもっている人たちであるということ。何かの理由で、その力を発揮することができなくなってしまっている人たちであるということ。それを忘れてしまわないように、「してあげる」という言葉を禁句にしたのだ。

しかし、このとき、まだ私は気づいていなかった。この人たちが、なぜ力を発揮できないでいるのかということに。なんだかよくわからないけれど、障害者と呼ばれる人たちは、実際よりも「できない人」として扱われている。障害者支援の仕事の年数を重ねると、この事実にはうすうす気づいていくのだが、それがどうしてなのかがわからない。なので、知らないうちに、自分も「できない人」として扱う側にならないように気をつけることくらいしか、相手を尊重するやり方がわからなかった。とにかく、見下す位置に立ちたくなかった。それだけだった。

2 障害者を障害者にする障害

支援のヒント

何に気をつけたら、見下さない、見くびらない支援者でいられるのか。わからないまま、ただひたすら、「人権感覚、人権感覚」と呪文のようにくり返しながら、仕事をするような期間が過ぎていった。あるとき、知的障害が比較的軽度で、高齢の利用者にあることを頼まれた。それは、新聞を読んで、内容を解説してほしいというものだった。安請け合いしたものの、これは結構難しかった。最初は、漢字が読めないから新聞を読んでくれと言われて読み上げると、もちろん読んだだけでは理解できないという。

「○○とはどういう意味か？」「○○を○○するとは、結局誰が何をするという意味か？」と質問は尽きない。短い文章であっても、「ああ、なるほど、そういうことか」と相手が納得するまで説明するのはとても難しいことだった。

当時、「週刊こどもニュース」というタイトルのテレビ番組が放送されていた。ニュースで頻繁に取り上げられている話題を、こども向けに解説するという番組だったが、知的障害のある人のなかには、「このニュース番組、ほかのと違ってわかりやすい」と感想を話す人が何人かいたのを覚えている。「ニュースはみんな、こういう感じで伝えてくれたらわかるのに、どうしてわざわざ難しいことを言って、わからないようにするのかな?」と、そんなことをつぶやいた利用者の横で、私は「何か」に気づいたような気がしていた。はっきりとはわからないけれど、ここにヒントがあるということはわかった。

新聞を解説させる利用者も、「こどもニュース」で世の中のことを理解しようとしている利用者も、どちらも理解する力がないわけではないのだ。ただ、この説明のされ方は、自分の理解に合っていないと言いたかったのではないだろうか。

社会的障壁の気づき

時々、私の文章を読んだ人が、難しい言葉を使わないで説明するのが上手ですねなどと言ってくださることがある。そういった感想は、実は私にとって何よりの誉め言葉だ。利用者が私に新聞の解説を求めたあの日まで、私の文章は基本的に難しい言葉だらけだった。難しい言葉をたくさん使うほうが、社会人として立派だとでも思い込んでいたのか、また自分がこんなに難しい言葉を知っているぞとひけらかして、言葉を自分の鎧にしていたのか、そのあたりははっきりとは覚えていないのだが、とにかく専門用語をできるだけ使って、難しい熟語を使うのが私の文章の特徴だった。あの日、入所施設の男子寮のデイルームで新聞を音読した瞬間から、私のスタイルは大きく変わったのだと思う。彼らの知的障害が、彼らの理解を妨げているのではなく、周囲のこうした配慮のない表現が、理解の妨げとなるとしたら、障害は私の側にあるのではないのか。これが、おそらく私が「社会モデル」でいうところの「障害」、つまり「社会的障壁」に気づいた最初の体験だった。

その後、施設職員時代に、次々と「何か」の正体にせまるような体験があった。例えば、施設の利用者用の洗濯機が故障した日のこと。当時、一般的な洗濯機は二層式と呼ばれるもので、洗濯の手順が恐ろしく複雑だった。何度教えても、紙に書き出しても、洗濯機に印をつけても、正確に手順をマスターできる人は限られていた。ところが、その日壊れた二層式洗濯機の代わりに、電気屋が急いで納品してくれたのは、全自動洗濯機だったのだ。すると、これまで「いくら教えても洗濯機の使い方を覚えられない知的障害者」が、「洗濯機の使い方をマスターした知的障害者」に生まれ変わったのだ。このできごとは、若い私の脳天に激しい衝撃を与えた。洗濯機の機能が、彼らのスキルに合っていなかったのだ。

この時代、つまり1990年代には、法律用語としての「社会的障壁」も、「障害の社会モデル」という言葉も登場していなかったので、私はこれらの気づきを

言語化することができなかった。「何か」に気づいただけだった。しかし、のちに「障害の社会モデル」という言葉が広がったとき、ようやくこの「何か」の正体を知った。彼らがもっている知的障害のせいで、彼らは力を発揮できないのではなく、知的障害という特徴をもつと、自分に合う方法を手に入れることが困難になってしまう。自分に合わないものを使って生きていくしかなくなってしまう。そのせいで、実際よりも「できない人」で生きなければならず、「できない人」として生きるすべを学ばねばならなくなっていたのだ。これが、私が言語化できなかった「何か」の正体だった。その人がもつ障害ではなく、その人の外側にある障害（社会的障壁）が、我々の人として対等な立ち位置を危うくしているのだ。

障害者を障害者にする障害は、社会の側にあったのだ。

3 自閉スペクトラム症の人たちとの出会い

気がかりな人たち

入所施設時代に、比較的自分と近い文化のなかで生きる利用者たちに多くを教わりながら、言語化はできないながらも、今でいうところの「社会的障壁」の存在にうっすら気づく体験ができたのは、とても大きなことだった。しかし、その一方で、私にはずっと「気がかり」な人たちがいた。この人たちは、知的障害が最重度で言葉を使わないだけではなく、かかわっていても心が通じる感覚がない。通常通じるはずのものが、通じない。

例えば、泣き叫んでいる利用者に、「大丈夫だよ」と優しく声をかけると、ますます興奮し、その声に怯え、場合によってはガブリと噛みつかれてしまう。あるいは、うまく動けない利用者にけがをさせるような行動をとって、職員が注意をするとまるで待っていましたとばかりにうれしそうな反応をする。悪気のない笑顔で、心から喜んでいるように見える。これまで、私が身につけてきたスキルは、全く役に立たず、あるとき上司から「近寄るな」という命令が下ったことさえあった。無力だった。このタイプの利用者たちのフェイスシートには、みな「自閉」という文字がついていた。今でいう「自閉スペクトラム症」の人たちだった。

私は福祉の大学を卒業しているが、当時は大学でさえ、正しい自閉スペクトラム症の講義はなかった。私の母校だけではなく、ほとんどの福祉系大学が同じだったと思う（そもそも、福祉系大学もあまりない時代だった）。そのため、私たちは知識も技術も持ち合わせないまま、現場に入らざるを得なかった。知識も技術も持ち合わせないまま現場に入る現象は、福祉の専門的な教育を受けていない職員が多数派となっている最近では普通のことかもしれない。しかし、今より過酷だったのは、現場に入ってからも自閉スペクトラム症に関する研修会のようなものは少なかったし、どの研修会の内容が適切なのか誰もわからない状態だった。そのため、私たちにできることといえば、体当たりだけだった。とにかく、危険を顧みずかかわり、噛みつかれたり、叩かれたりしながら、なんとか信頼関係を築こうと努力を重ねる。職員にとっても危ういやり方だったが、何より自閉スペクトラム症の特性とともに生きている利用者にとっては、まさにサバイバルのような日々だったと思う（人によっては今でもそのような日々は続いている）。

障害特性に合う環境

この人たちとのかかわりは、入所施設在職中に明るい展開を迎えることはなかった。私自身は相談の仕事が中心で、日夜直接かかわる部署にいたわけではないが、それでも施設の方針で、食事介助、入浴介助、外出引率等その他さまざまな場面でこのような人たちを担当する機会は与えられた。何一つよいかかわりをすることはできなかったが、この機会のおかげで、「気がかり」を持ち続けることができたと思っている。

施設を辞めた後、さらに深く自閉スペクトラム症の人たちの支援をすることになり、そこで初めて「障害特性」という言葉に出会う。そして徐々に、普通のニュースは理解できないけれど、「こどもニュース」なら理解できるといった利用者と全く同じことが、自閉スペクトラム症の人たちにも起きていることに気づいていった。障害特性に合った環境があれば、理解できることはたくさんある。心が通じ合うことだってある。逆に、障害特性に合わない環境では、わかるものもわからない。障害特性に合わない環境は、圧倒的にアンフェア（不平等）な状況なのだ。

障害をもっていても、社会の大多数の人たちと近い文化圏で生きている人たちもいる。文化が近ければ、理解もしやすい。お互いのことを受け入れやすい側面がある。しかし、文化が遠ければ、理解は難しくなる。受け入れることもまた難しく感じるだろう。自閉スペクトラム症の人たちは、そういう意味で社会の大多数の人たちと遠い文化圏の人たちのように感じる。社会の多くの人にとってわかりやすいものがわかりにくく、逆に多くの人がわかりにくいものがわかりやすかったりする。多くの人が気にもとめないものを、生活に困難なほど不快と感じたり、多くの人が魅力を感じないものに心を奪われたりする。

私は、この人たちに出会ってしまった。この人たちの生きる世界を知ってしまった。障害福祉職人生のなかで、間違いなく、この人たちが私の中心にいる。だから、私はどうしても、この人たちとフェアな関係になりたかった。私にとってわかりやすいものがあるように、そして、私が自分のわかりやすさを選んでいるように、自閉スペクトラム症の人にとってわかりやすい環境をつくってこそのフェア（対等）な関係ではないだろうか。

4 現在の「してあげる」

今の私にとっては、「してあげる」ことで、フェアな環境をつくることがとても重要である。かつては、「してあげる」ことで見下すこと、見くびることを恐れていたが、今は「してあげない」ことで、アンフェアな関係になることを、とても恐れている。障害は社会の側にあると納得した日から、この社会的障壁をターゲットに仕事をしようと思った日から、「してあげる」という言葉くらいで、何かを侵害してしまうことはないと、自信をもつようになったのかもしれない。フェアな関係になるためだったら、新聞を読んであげるし、解説もしてあげたいのだ。

もちろん、「してあげる」という言われ方を好まない人の前では使わないし、あえて使おうとも思っていない。ただ、それぞれの障害特性に合わせた環境をつくってあげない支援＝「してあげない支援」は支援ではないと思うわけなのだ。

視点：ケアマネジメント

3

支援と支配

支援に対して「支配」とは真逆の概念かもしれない。
少なくとも支配とは、およそ福祉の業界には縁がない
言葉だろう。だいたい言葉のもつイメージが恐ろしい。
しかし、支援と支配は無関係でいられるのだろうか。
現実世界で。

1 支援の裏側

洋子ちゃんとの出会い

「ねぇー、お父さん」

もう40年以上前のことだ。その一言が、そのときの彼女の幼い笑顔が忘れられない。彼女のその言葉は、支援という行為では表現され得ない場所に存在している気がしている。

洋子ちゃん。当時の彼女は3歳くらい。自分は、自治体が設置した、今でいう発達支援センターに勤務していた。当時の自分の肩書きは児童指導員。そのセンター内のあるクラスのお昼ご飯前の休憩時間の一コマである。

生まれて間もなく、中枢性の運動障害の診断を受けた彼女の「訓練担当」が私だった。当時の私は大学を出てまだ4年ほどで、政策的にも強調されていた障害の「早期発見・早期療育」という取り組みの渦中にいた。大学では学ぶことがなかった解剖学、運動生理学、細かな運動発達の道筋、いくつかのリハビリテーション技術を学ぶ機会を得ていたが、未熟さとの追いかけっこだった。そんななかにあって、気負わずに自分らしく、対象のこどもたちといられる「休憩時間」(すなわち本務である訓練以外の時間）が好きだった。

洋子ちゃんは、１歳になるかならないかの頃に母親とともにセンターにやってきた。担当になった自分は「先生」と呼ばれるわけなのだが、専門職としても社会人としても未熟な自分には似つかわしくないその呼び名に、いつも居心地の悪さを感じていた。そして、それを感じなくてすむ、自分の未熟さが露呈しない休憩時間が好きだった。休憩時間には一生懸命にこどもたちと遊んだ。その時間は、随分と素の自分に近い時間だったように思う。

３歳の洋子ちゃんは腹ばいで廊下のホールで遊んでいる。その横をすり抜けるように、訓練に来ているこどもの障害のないきょうだいたちが声を上げながら通り過ぎ、その反対側ではハイハイしながらおもちゃに向かうこどもがいる。自分は床に座り込んで、洋子ちゃんともう一人のこどもとママゴトをしていた。洋子ちゃんと遊んでいた年下のこどもが、洋子ちゃんが最初に見つけて夢中になっていた木のフライパンを取り上げようとしてケンカになりそうになったときだ。洋子ちゃんは「これ、私が遊んでたんだよ」と言うと、振り向きざまに後ろにいた自分に向かって「ねぇー、お父さん」と言った。

「お父さん」と呼ばれて

間違いではあるが「お父さん」と呼ばれて悪い気はしなかった。しかし、いつまでも覚えている理由はそれではない。後に体験的にわかるのだが、こどもがお父さん、お母さんと言うときには親としての意味の呼称もあるが、肉親かどうかの問題は別にして距離の近さ、安心の深さの意味を込めているときもあると感じる。それも、幼ければ幼いほど。

洋子ちゃんの言葉、表情、そのときの光景をいつまでも覚えているのは、現場に長くいて自分や他者の気持ちを考えるようになり、気持ちと気持ちがつながった感覚を体感するようになったからだと思う。お互いに通じ合う。共に感じ合う。なぜか心が温かくなった不思議な瞬間だった。

この自分が抱いた不思議な感覚は、「支援」の場面ではなく「休憩時間」で得たものだった。この時代の自分の「支援」の本務は肢体不自由児の訓練だったわけだが、そのときにはこの共感という感覚を感じ得なかった。もちろん、それは自分が未熟だったことが理由でもあるだろう。

2 支援の表側

支援とは何か。この問いは、福祉、あるいはもっと広く対人支援の現場の「支援者」、あるいは「援助者」と呼ばれる人であれば一度は考えたことがあるだろう。いつの頃からか自分の答えは「手伝う」だ。望まれたことを手伝う。足りなければ手伝う。支援を鮮明にするために、あえて指導でも訓練でも教育でもないし、まして や命令や管理でもない、と言ったりする。以来、「手伝う」以外に適当な翻訳を見つけられないでいる。

「手伝う」とは、辞書的には人が行う物事に力を添える・手助けをする・補助することをいう。つまり、行為の主体は、手伝う側ではない。まず、①誰か行為主体がいて、②その主体が行う物事があって、それがあって、③手伝い・手伝う人が登場するという順番だ。しかし、この①から③の順番が逆になっている現実を多く見る。あるいは、順番は間違っていないけれど、行為主体の意に添わない力を加え、結果として行為主体の思惑とは別の方向に進んでいくことも多数見かける。そんなことにならないために、次のことに心を留める必要があるのではないだろうか。

A そもそもその人は自分に手伝ってほしいと思っているのかを確かめなくてはならない。

B 次に、人が行う物事が先にあるのであれば、

- その人、そのものを知らなければならない。
- その人の行っていること、行いたいことを理解しなければならない。
- その人が立っている場所、物理的、心理的、社会的、歴史的位置を知らなければならない。

――一言にまとめると、その人はどんな生き方をしていて、何を大切にしていて、どんなことをしたくて、どこに向かおうとしているのかを知らなければならない。

C その次に、力を添える・手助けをするのであれば、

- どこにどのように手を添えるのか、手助けする場所を知らなければならない。
- どこにどのように力を添えるのか添えないのか、力の加減、力の方向を知らなければならない。
- さらに、その手助けは単独で行うのか、複数で行うのか。複数ならば誰と組んで手伝うのか。

こうやってみると、**A**はそもそものエンゲージメント（インテーク）にかかわり、**B**はいわゆるアセスメントであり、**C**はプランニングである。いずれにせよ、

広く深く鋭い検討抜きには進めないはずである。

3 支援の「罠」

佐織さんとの出会い

短めの髪、パッチリした目の佐織さんは21歳。知的障害の手帳を持っている。はじめはこちらを警戒してか言葉少なだったが、雑談するうちにいろいろなことを話してくれた。彼女と初めて会ったのは火曜日のお昼少し前、災害支援の応援で訪れていたある町の相談窓口だった。彼女の用件は福祉関係の手当のことで、それは滞りなく進めることができた。しかし、こちらにズシンと堪えたことは、それとは別の、彼女が話す雑談のなかにあった。

佐織さんはおばあちゃんと二人暮らし。おばあちゃんと小さなこどもが大好き。3歳年上の彼氏と結婚したいそうだ。災害の影響で勤めていた会社が閉鎖され、その結果、彼女は解雇されてしまった。「結婚も考えているんだったら、仕事を見つけてお金稼がなくちゃね」などと話せる関係になった頃、約6年勤めていた会社の話になった。こちらから、長く勤めていたので辞めることになってしまい、さぞ残念だったろうと水を向けると、佐織さん曰く、実は「前から辞めたかった」そうだ。

佐織さんが勤めていた会社は、障害者雇用に積極的で特別支援学校もよくフォローしていたし、地元の相談員が担当についていた。その意味ではよく整えられた支援体制のなかで佐織さんは働き、生活していたと推測できた。しかし、である。前から会社を辞めたかった佐織さんに「辞めたいことは誰かに相談していたの？」と尋ねると、「ううん」と首を横に振ったのだ。

佐織さんは学生時代にいじめられたことがあったそうだが、職場は「もっとひどかった」そうで、「おまえらバカが行くとこなんてないんだ」とも言われてきたそうだ。中卒で障害のある女性を、卒業した学校、受け入れた企業、生活含めて側面から支援する相談支援事業所がタッグを組み支えてきた。そのことは間違いない。自分の周りでは、そこまで支援体制が整わないこともあり、うらやましくもあった。しかし、残念ながら彼女の心の叫びともいうべき内面を、誰もとらえてはいなかったようだ。

佐織さんに出会うまでは、恥ずかしいことに自分は結構よい相談員だと思っていた。相談に来る人とは信頼関係を築けているし、相談者と一緒に歩きながら考えるのも得意だし好きだと感じていた。

対等ではない関係性

しかし、それは違った。そう感じているのは自分だけなのではないか。相談している人は、自分の奥底にしまい込んだ本当の悩みや葛藤を、おいそれとは他人に打ち明けてはくれない。誰にも言えないことはある。それを自分は知らないだけ。佐織さんは、支援を受ける人と支援する人の間にある深い溝を教えてくれた。

この思いをさらに強くしたのは、被災者でもある佐織さんと同じ地域の地元スタッフの一言だった。お邪魔して少し経った頃、たまたまそこにいた自分にそのスタッフはこう話しかけてきた。

「この書類の書式って、少し変えてもいいですか?」

なんのことはない便宜的に応援部隊が作成したある記録の書式の変更の相談である。もちろん二つ返事で「もちろん、全然いいですよ。というか、どんどん変えてください!」と答えたのだが、尋ねてきたスタッフの申し訳なさそうな顔が印象に残っている。申し訳ないのはこちらのほうである。変えたい気持ちを言い出せないことに気づかずにいてしまった。そのスタッフは言葉には出さなかったが、おそらく遠方から応援に来ている支援者たちに対して強い遠慮があり、「してもらってる」のだから意見を言うことがとても難しかったのだろう。ここにも佐織さんがいた。

どちらも手伝う側、支援している側に悪意はない。悪意はないどころか、支援を受ける相手を思い、考え、精一杯手伝っているし、支援している。しかし、しかしなのである。支援をされる側は、支援する側の思いに関係なく、常に「される」側に立たされている。そこに対等な関係はない。支援する側は対等だと思っているし、実行しているつもりなのに。先の手伝いの順番の話に照らせば、①行為主体がまずいて、②それに対して手伝う側が登場する順番のはずなのに、②手伝う側が先にいて、①行為主体がそれに合わせて手伝いを受ける、という本末転倒な構図が見えてくる。

「支配」とは統治すること。ある者が自分の意思・命令で他の人の思考・行為に規定・束縛を加えることだそうだ。支援する側は、決して支配しようとは考えない。しかし、支援を受ける側は、いつの間にか支援をする側に合わせて、その統治に甘んじることが起きうる。支援の先に支配という「罠」が待ち受けていることがある。少なくとも、支援をする側は、その行為が支配と背中合わせである自覚が必要だ。支援は支配と無関係ではいられない。

視点：信頼関係（ラポール）

4
同感的理解から共感的理解へ

同感が「わかる、わかる」なら、
共感は「こんなふうに理解したよ」になる。
同感は私の感覚なので訂正することは難しいが、
共感はあなたの感覚を私が理解した結果なので、
間違うこともあるし、訂正することもできる。

1 共感するスキル

「そうですね」がもつ意味

「共感する」ということの意味が、ずっとわからなかった。「否定してはいけません。まずは共感です」と、何度も教わった。「否定してはいけません」は、なんとなくわかるような気がする。しかし、相手の発言を否定しない返事の選択肢をどれくらい思いつくだろう。私はかなり長いこと「そうですね」と相槌を打っていた。

共感するスキルを学ばずに否定するなと言われたら、おそらく多くの人が「そうですね」と返事をするしか道がなくなる。しかし、この「そうですね」は、なかなか危険な相槌でもある。例えば、相手が誰かに対して憎しみの感情を抱いて、そのことを訴えてきたとする。「こんなことを言われたら、あなただって、相手のこと憎みたくもなるでしょう？」などと言われたときに、否定しない返事に選択肢がないと「そうですね」と答えてしまう。こちらは共感したつもりだが、この場合の「そうですね」は、共感ではなく同意になる。あるいは、ジャッジ（判定）したことにもなる。「あなたが憎むのは当然です」「あなたの判断は正しいと思います」。さて、これは共感なのだろうか……。

なんとなく、これは共感ではないような気がすると思いながらも、否定しない返事がわからない。否定する返事はいくらでも思いつく。「相手にも何か事情があったんじゃないの？」とか、「そんなふうに一方的に決めつけるのはよくない」とか、「私は憎んだりしないと思う」とか。こちらはあきれるほど選択肢があるのに、否定しない返事は思いつかない。私のスーパーバイザーたちは、いったい何を言いたかったのだろう。

「否定しない」という基本

学生の頃、精神科で学ぶ機会に恵まれた。現場で実際にたくさんのケースを担当しているPSWに、面談や訪問、会議に同席させてもらったり、後半になるとインテークを任せてもらったり、単独で自宅訪問をする機会を与えられたりした。その都度、濃厚なスーパービジョンをしてもらえるわけだが、それにしても、今の自分が実習生にインテークを任せたり、単独訪問を許したりできるかと考えると、実習担当者はどれだけ自信があったのかと、脱帽する思いになる。そういう時代だったのかもしれないが、学生の私としてはとんでもなくありがたい機会となった。その際、よく言われたのが、「否定しない」という基本だったのだ。しかも、この「否定しない」を基本にしたうえでなら、相手に質問したり、アドバイスしたりしてもかまわないというのだ。そして、確かに実習担当の職員は面談中、かならずしも「そうですね」と聞き続けているわけではなく、時にはかなり突っ込んだ質問をしたり、相手に気づきを促すような、つまり相手をしばらく黙らせるようなことを言ったりもする。言ったりもするのだが、そのことで関係が壊れることもない。当時の私にわかったことは、信頼関係がなければ何も始まらないということくらいだった。

卒業して現場に出たとき、この経験で培った面談技術は、言うまでもなくすぐに役に立った。今思うと、よくもあんな若造にみなさん相談をしてくれたものだと思うが、私は私で学生時代にすでに場数を踏ませてもらっていたので、物怖じせずに相談の仕事に入っていった。しかしながら、実際には「そうですね」を連発していたのだと思う。

2 「そうですね」の効果

■「そうですね」のメリット

しかし、この「そうですね」には、一つだけものすごい力があった。「そうですね」しか言わない相手は、相談をする側からすると非常に安全な存在だということだ。実際、相談の多くが、今日相談して、明日解決するようなものはほとんどなかったので、まずは安全に話を聴いてもらえることが最重要事項だったように思う。私の頭のなかには「否定しない」という標語しか入っていないわけなので、これはおそらく大変安全だったに違いない。多くの人が、くり返し相談に来てくれるようになった。もちろん、なかには「何も解決してくれない」と不満を言って、二度と相談してくれなくなった人もいる。が、多くの人たちはそこから長い時間をかけて、信頼関係を築いていけたようにも思う。

くり返しになるが、「そうですね」は必ずしも共感ではない。共感の場合もあるが、共感とはまるで違った、例えば評価する言葉になることもある。それでも、「そうですね」に力があるのは、まずは受けとめている点にある。「そうですね」という言葉は、相手が私に向かって投げた言葉を、まずは自分のミットでしっかりとキャッチする。その儀式で使われる言葉だからではないだろうか。まずは、しっかりとミットの中に収めて、収まったものが何なのかを確認する。それが礼儀というものだろう。この儀式をすっ飛ばして、すぐにバットで打ち返してしまったら、信頼関係をつくるのに時間がかかることになる。特に、相談をする側は、身内でも当事者でもない第三者に相談をするという、非日常的な場面に遭遇しているわけなので、打ち返されたら終わりということもしばしばある。だから、未熟さを丸出しで、半ば口癖のように使っていた「そうですね」が私を救ってくれたことは、恥ずかしながら事実なのだと思う。

「そうですね」のデメリット

「そうですね」が半分は正しく共感で、半分は共感ではないということに気づいたのは、現場に入ってかなりの時間が経ってからだった。あるとき、何かの業者さんと話をしていて、その業者さんの話し方にちょっとした苛立ちを覚えた。その人は口癖のように「そうっすよね」と言うのだが、本当にこっちの話を聴いているように思えなかった。そのとき、「そうっすよね」じゃなくて、「どう思ったのか言ってみてよ」と思ったのだ。その「そう」は、私の言っていることを受けていますか、と。

「そう」はずるい。聞いてなくても言える。理解してなくても言える。便利なのだ。でも、もしこの「そうですよね」を正確に返すことができたら、それは究極の理解を示すことにならないだろうか。

「そうですね」ではなく「悔しかったのですね」とか、「思いどおりにいかなくて腹が立ったのですね」とかいう具合にきちんと言葉にしてみる。そうすれば、相

手は「いや、悔しかったわけではなくて、ただ納得がいかなかったのです」などと訂正もしやすくなる。なんでも「そう」に頼っていると、わかったつもりと、わかってもらったつもりの、ふわふわしたキャッチボールが続くだけで、本当の意味で理解し合うことはないのかもしれない。

3 「共感」という言葉

日常的に使う共感は、同感や同情に近い感情が含まれているような気がする。「わかる、わかる」という感覚には、「私もよく体験するよ」と言った私とあなたは同じであるという感覚で使われることが多い。そして、この「同じ」という感覚が人を安心させる。しかし、この同じ感覚がベースとなる安心は、裏を返すと同じ感覚をもてない場合には、成立しなくなってしまう安心感ともいえる。なので、対人援助関係において同感を使うのは、時として危険な関係性をつくってしまう。違っていても、応援し続けることが前提なのが、対人援助関係である。そこで必要なのが、共感という究極のスキルとなる。

共感は、相手の立場で行うものなので、私がどう思うかは基本的に関係ない。相手の立ち位置に立って、相手になったつもりで相手の気持ちを想像する。そして理解していく手法のことだ。同感が「わかる、わかる」なら、共感は「こんなふうに理解したよ」になる。同感は私の感覚なので訂正することは難しいが、共感はあなたの感覚を私が理解した結果なので、間違うこともあるし、訂正することもできる。全く違った機能なのだ。

しかし、この同感と共感を厳密に区別して使っている人は、そう多くはないのではないかと思う。かくいう私も、実は実際の面談では両方使ってしまっている。なぜ同感を完全に排除できないかというと、答えは一つ。やはり人には「同じ」で安心したいというニーズがあると強く感じているからだ。「あー、その感覚わかる。私もそうなる」などと答えると、「大友さんでもそう思うの？」などと言いながら、間違いなく相手は安心しているように見える。おそらく、同感は悪なのではない。ただ、共感のスキルがないままに、同感することだけで乗り切ろうとすると、そこに必ず限界がやってくる。そういうことなのかもしれない。

共感のスキルは、同感できない場面で力を発揮する。私はそうは思わないけれど、あなたがそう思うことは理解できる。自分とは同じところがほぼ見つからない相手のことも、このスキルがあれば理解に近づくことができる。結局のところ、すべてのスキルのなかで共感のスキルが一番役に立つ。そして、一番身につけるのが難しいスキルだとも思う。

4 共感的理解の先にあるもの

この共感的理解のスキルは、私自身はカウンセリングの技術から学んだ。学んだときに使ったテキストも、カウンセリング関係のテキストがほとんどだった。だから、学んだときは、相談業務はカウンセリングに近いものだと誤解していたところもある。実際、医療現場のソーシャルワーカーは福祉の仕事をするわけだが、利用者は患者でもあり、病気を治すという目的で医療機関とかかわっているので、時々ソーシャルワーカーも病気を治すお手伝いをしているような錯覚に陥ってしまう。

しかし、ソーシャルワーカーの仕事は治療ではない。長い歴史のなかでは、治療的なかかわりが主流だった時期もあったと思うが、今はそういう時代ではない。では、何のために限りなくカウンセリングの技法に近い共感的理解のスキルが必要なのかといえば、それはやはり、信頼関係をつくることと、その先にある支援ニーズを正しく把握するために必要なのだと思う。

信頼関係がなければ、人は本当のことを語ってはくれない。本当のことを語ってもらえなければ、支援ニーズをつきとめるためのアセスメントは進まない。そうなると、いつまで経っても支援は進まないことになる。もちろん、信頼関係ができること自体が問題の解決になる場合もある。信頼関係ができることで、利用者の本来の力が発揮されやすくなり、自分の力で解決できてしまうこともある。それはそれで、援助的なかかわりといえるかもしれない。このあたりはカウンセリングと似ているようにも思う。しかし、福祉の場合は、常にそこを目指しているわけでもない。信頼関係ができても、自分で解決する力がない人がいてもよい。そこからが、ソーシャルワーク（福祉職）の仕事になる。

支援ニーズを理解したら、その先はその人の行く手を阻んでいる壁（社会的障壁）が何であるかをアセスメントする。そして、どうやったらその壁を小さくできるか、取り除けるか、穴をあけられるかなどを考える。こちらが本職なのだと思う。本職にたどり着く前のアセスメントがすべての鍵を握っているともいえる。だから、時々本職を忘れてしまう。アセスメントをして力尽きてしまったり、わかったつもりになって満足したりしてしまう。共感的理解は満足するに足るくらいの大仕事なので、うっかりするとその罠にはまってしまう。理解の先に、壁の撤去が待っていることを時々思い出すのも大事なことだと考える。

視点：寄り添う❶

5

真《ま》に受ける支援

受けるべき「真」とは何か。
それは、本人の「誰にも加工されていない」生の情報。
整理したり分析したりすることは後でいい。
まずは、そのまま受けとめる。
情報をフラットに入力する。
しかし、これが現実には難しいのだ。

1 その一言

春佳さんのこと

「ライオンを飼いたい」

そう話す彼女に思わず「それはいいね」と相槌を打ったとき、初めて彼女も少しだけニコッとなった。18歳になった春佳さんの生い立ちは、それまでのできごとと彼女の年齢を照らし合わせると壮絶といえる。幼くして両親が離婚。その後、母親は子どもの養育が難しかったのかすぐに行方不明に。以後、児童養護施設、障害者施設で過ごし、おそらく彼女が信頼できると感じていた家族は祖父母だけだった。

その春佳さんと最初に会ったのは、施設を出て支援関係者が決めたグループホームだった。初めて自分だけの部屋を持てたそうで少しうれしそうな様子は伺えたが、気になったのは18歳の彼女の「進路」だった。その進路は、苦労の末に支援関係者が用意したことは関係者の会議で知らされていたし、彼女も納得していると聞いていた。もちろん、施設を出て学校を卒業して新しい暮らしに向かう楽しみはあったと思う。しかし、彼女の「反抗的」とされたそれまでの生活態度から想像すると、その納得はとりあえず現状の「包囲網」から脱することでよしとする気持ちと、何らかの次の手を考える時間確保のためではないか、そんな彼女の胸の内をどこかで想像していた。

一通りこちらが知りたいことを聞いたうえで、最後にこれからの希望を尋ねたところ、そのときだけは明瞭に「早く一人暮らしがしたい」と話した。その言い方にはここ（グループホーム）を早く出たいという意思が読みとれた。そのとき、頭の片隅においてあった想像は、「やっぱりそうか」と確信に変わり、表に出てきた。そして、その彼女の言葉をそのままに受けて、希望する一人暮らしでやってみたいことを尋ねたところ、その答えが「ライオンを飼いたい」だった。

その日の彼女は、最初から最後まで〈あなたたち支援者には余計なことは話さない〉、あるいは〈本当のことなんて話さない〉と受けとれる態度だった。

しかし、そんな彼女が唯一心のなかを覗かせてくれたと感じた一言が「ライオンを飼いたい」だった。「それはいいね」と言ったのは、本当にそう思ったからだ。そして、自分の言葉や相槌に対して春佳さんがニコッと応えたのも、本心からの笑顔だと感じた。初めての面談だったが、この短いやりとりだけで十分だった。この先どうなるかわからなかったが、手応えというか何か手がかりのようなものを感じた。

雅子さんのこと

「いやさぁ、空気入れてくれないんだわ」

新しいヘルパーさんどうだい？と雅子さんに尋ねた答えがそれだった。雅子さんが65歳になって障害福祉サービスから介護保険に切り替わり、一か月が過ぎようとしていた。前（障害福祉）のヘルパーさんは自分が使っている自転車のタイヤの空気を入れてくれたが、新しいヘルパーさんはそれをしてくれないという訴えだった。ありがちなヘルパーへの不満ともとれるが、彼女と付き合って2年、初めて聞く訴えだった。確かに、腰が悪くてかがむことが難しい雅子さんにとってタイヤの空気入れはちょっと無理だった。自分は知らなかったが、この2年ほどその空気入れは、前のヘルパーさんが折に触れてやっていたようだ。

漁村育ちの彼女は、漁師の父親、農家の手伝いの母親に代わって長女として下のきょうだいたちの食事や洗濯などの世話をしてきた。結婚してからは、夫の仕事が順調なうちはよかったものの、夫の会社が倒産してから夫は家に寄りつかなくなり、やがて離婚。二人のこどもを育てながらパートをかけもちしてなんとか生活してきたという。こどもたちが成人して家を離れてやれやれという頃には、ずっと体を酷使してきたつけが回り、首、腰などに痛みを覚え働くことが難しくなり、塞ぎがちな生活のなかでうつ病の診断も受けることになった。こどもたちはそれぞれ所帯をもっているとのことで、時々顔を見せてくれるそうだ。こどもや孫と会えるのがうれしいと笑顔になるが、その笑顔にはどこか寂しさとかあきらめを伴っているように感じていた。理由は話してくれないが、こどもたちとの関係は必ずしもうまくいってはいないのだろう。そんななかで日常の楽しみは買い物で、その大切な買い物に出かける杖代わりが自転車というわけだ。体を支える杖だが、雅子さんにとっては大切な大切な心の杖といってもいいだろう。

自転車のタイヤの空気入れがヘルパーの仕事に入るかと問われれば、「否」だろう。だから、彼女の「空気入れてくれないんだわ」の訴えは役所もケアマネもヘルパーもなんとかしてあげたいと思うかもしれないが、正直、真正面には受けとめることはできないし、「そうですよね」とか「でもねぇ」くらいしかない。自分も困ったが、タイヤの空気を頻繁に入れないですむ自転車を手に入れてはどうかと考えた。その提案に納得はしていないものの、物は試しと彼女と彼女の自転車を車に乗せて近くの自転車屋さんに走った。自転車を点検してくれた店員さんから買い換えを勧められたが、彼女は高額を理由にそれは断り、代わりに新品のタイヤに交換。新しい自転車の購入には至らなかったが、タイヤの空気入れの頻度だけは下げることに成功した。

自転車がどれほど今の彼女にとって大きな存在なのか。制度でタイヤの空気入れができようができなかろうが関係ない。今の雅子さんにとっての自転車の意味、その自転車のタイヤの意味、そのタイヤの空気の意味。ただの自転車ではない。ただのタイヤではない。そういう自分も、こんな大切なことを雅子さんからの訴えがなければ素通りしていた。

2 その一言を「受ける」

「ライオンを飼いたい」と話した春佳さん。「空気入れてくれないんだわ」と訴えた雅子さん。その一言を受けたときの自分について、少し分け入って整理してみたい。

■ 春佳さんの場合

「それはいいね」は本当にそう思ったからだと書いた。ただし、それはライオンをアパートなど将来の一人暮らしの場所で飼うことを想定しての「いいね」ではない。ある意味、そんなことは現実的にはできないことは彼女もわかっているけれど、叶わない（叶いそうもない）そんな夢をもつこと自体が、そしてそれを口に出すこと自体が、彼女のそれまでの人生を考えたときに、とても大きな価値があるし意味があると感じたからだ。この環境（壮絶な生い立ち）のなかで途方もない夢、ある意味とてもこどもらしい夢を抱いていたこと、しかもそれを他者に話してくれたことがうれしかったのだった。

その瞬間には自分のなかで言葉として整理されてはいなかったが、「ライオンを飼いたい」という言葉の底のほうに春佳さんのまだ未成熟なこどもとしての純粋さと、それ故の幼さ、それと相反するような強さ（それはこの社会への、大人たちへの反発に近い反骨精神のようなもの）を感じていたのだと思う。それは反応、直感に近い。そして、そんな自分の反応を見て彼女はニコッと笑ったのだと想像する。「変な大人」と思ったのかもしれないが、それこそがそれまで彼女が求めていた「彼女のための大人」だったのではないだろうか。

彼女は言葉にこそしなかったが、彼女にとって周囲や支援者は「クソクラエの世の中」「クソクラエの大人たち」だった。誰も自分をわかってくれないと感じながら、春佳さんはこども時代を過ごしてきたはずだからである。

雅子さんの場合

彼女を車に乗せて彼女の自転車も乗せて近くの自転車屋に向かったのは、放っ

ておけなかったからだった。そのときの自分は、福祉という「制度」に携わる者だけれど、その「制度」では彼女の気持ちは晴れることはないと考えて別の手を考えた。それはそうなのだが、何か手を打つことそのものよりも、ヘルパーさんに怒りを爆発させるわけではなく、かといって押し黙るでもなく、か細く困っている、静かに困っているだろう彼女の表情と声のトーンによって自分の心がつかまれ、ただ「難しいよねぇ」とやり過ごすわけにはいかなくなってしまったのだと思う。

この一件を通して、それまでは特別な感情もなく、特に何も考えていなかったのに、訪問で家に入るたびに見る玄関横に静かに佇んでいるくたびれた自転車が少し愛おしく感じた。色褪せたサドル、サビが入った買い物カゴに、ここまで歩んできた雅子さんの人生と、バラ色とはいえないかもしれないけれど、静かに、そして小さな楽しみを積み重ねている雅子さんが見えた気がした。ただ、こんな言葉がそのときに浮かんだのではない。後から思い出すとそう説明できそうなだけで、「空気入れてくれないんだわ」を自分の目の前で聞いたときには、通り過ぎることができないと感じただけだったかもしれない。

3 「あっ」という一瞬

春佳さんにせよ、雅子さんにせよ、彼女たちのその一言を受けたそのときの私は、「これは逃してはいけない」と感じていた。いや、感じていたよりも時間はもっと短い。「これ大事かも」と直感したに近い。時間にすると「あっ」だ。それが本当に大事なのかどうか考察したわけではなく、直感というしかない。

人を相手にした「支援」という行いに、この「あっ」は重要だと思う。「あっ」には、「大事かも」もあれば、「まずいかも」や「おや？」という疑問もあるだろう。しかし、おそらく一瞬でかき消えていく相手のその一言、相手のその表情を捕まえる力ともいうべきスキル、技術。逃してしまうと記憶に保存されていない限り再現できないその一瞬のできごとを捕まえる、とらえるセンサーを備えられるかどうか。十分な感度と適切なレンジ（範囲）の広さと深さをもったセンサー。

ことの真意は、後で本人やいろいろな人たちの力を借りて吟味すればいい。その一言を「真に受ける」か「真に受けない」かの判断は後で考えればいい。その一言を逃すことがない自分を鍛えること、鍛え続けること。そのような準備をし続けることも支援者の本務の一つではないだろうか。

4 生の言葉

真《ま》に受けるとは、辞書によると「本当のことだと思う」「本気にする」という意味であり、「真」とは、「真実、本物、ありのまま」のことだそうだ。

では、受けるべき「真」とは何か。

それは、生の言葉、生の情報。本人の「生の」「誰にも加工されていない」単語や言葉、表情や仕草、持ち物などの生の情報。解釈は、整理したり分析したりすることは後でいい。まずは、そのまま受けとめる。情報をフラットに入力する。しかし、これが現実には難しい。なぜなら、支援する側は解釈することが仕事でもあり、よりよく解釈するために自分の五感を発動させ、得た情報は脳内のＣＰＵ（中央処理装置）を最大限に稼働させて解決策を導き出すからだ。鍛えられた支援者ほど、情報を取り込むカメラのレンズと集音器には解釈機能が埋め込まれており、解釈された情報は整理されて自分の頭のなかに格納されていく。意識されないレベルで。

本人の言葉や表情、様子は、いつの間にか（半ば自動化されて）支援者の頭で解釈し整理され、支援する側の言葉で表現される。抽象化されて、あるいは部分部分で誇張されて表されることもある。やっかいなことに、その解釈は自己流だったりする。もっとも、経験とはこの自己流を鍛えることでもあるけれど。

本当は、ビデオカメラをただただ回せばいいのだと思う。ただただ音のするほうに集音器を向けて、本人の言葉と取り巻く風の音を拾えばいい。くり返しになるが、解釈は後でいい。その生の言葉が、生の表情が、どんなに著名な先生の一言よりも価値がある。価値があるどころか、それ以上の価値はない。

「ライオンを飼いたい」に、「何をバカな！」と言うのはたやすい。「空気入れてくれないんだわ」に、「仕方ないでしょ」と言うのもたやすい。そのように反応してしまう前に、踏みとどまり、深呼吸してそのとおりに聞いてみる。なぜなら、そこにはその人の「真《ま》」を見つけるチャンスが潜んでいるかもしれないから。

5 保留と保存

本人の言葉や行動をそのままに受けとめたとしても、情報をフラットに入力することに成功したとしても、受けとめた（入力された）瞬間から自分という人間の解釈が始まる。しかし、そこをいったん止める、あるいは保留する。解釈抜きにその状態のまま保存する。ここもまた現実には難しい。そもそも、情報の入力から情報の保管、整理までは一連の行為として進んでいくであろうし、そこには自分という人間のフィルターが常に作動している。自分の手で半ば自動的に解釈、整理された情報は、その背表紙に「真」のラベルが貼られ、自分の解釈という書棚に格納されていく。我々に蓄えられる情報は、常に自分によって何らかの偏りが生じるという自覚が必要である。

本人を目の前にして、大切なその一言を逃さず、その一言を含めたそのときの情報をフラットに入力し、フラットに保存する。しかしそんなことは不可能で、常に自分流に偏って保存されている。だからこそ、そこでうごめく自分を、解釈したい自分を、整理したい自分を、外から眺めて、いやいや「ちょっと待とうや」と自分に呼びかける自分が必要だ。自分をも俯瞰し、自分をコントロールしようと努力する。メタ認知とそれに基づく自分へのアクションとも呼べるのだろうか。

6 加工される言葉

「誰にも加工されない」生の言葉というのは、本当は正しくない。なぜなら、その本人の言葉は、すでに本人によって幾分でも加工されている可能性が高いから。

例えば、久々の休みの夕方に海までドライブをして、偶然目にした夕日を見て「わぁ」と声を上げたとする。そのときの声の抑揚から顔の表情などすべては、何も考えていない、まさに「生」であるが、それを翌日親しい友人に説明するときには、「〈すっごい〉きれいな夕日を見た」、職場の上司に説明するときには「〈とても〉きれいな夕日を見た」と説明するだろう。「わぁ」が、「すっごい」「とても」に変換されることは自然なことだが、本当の夕日の感動を説明できるのは、「わぁ」とそのときの表情などのすべてだろう。

「加工されない」生の事象を他者が知ることはできないかといえばそうでもない。例えば、親しい友人であれば、海に行った彼が〈すっごい〉と形容する他のできごとを多数知っているので、職場の上司よりは彼が感じた夕日の感動を理解できるかもしれない。その人の歴史や人間関係、好き嫌いや生活様式などを理解できればできるほど、さらに同じ時間と空間を共有していればいるほど、たとえ本人によって加工されていた言葉だとしても、その真意に近づく確率が高くなるのではないだろうか。

ここに、常日頃本人を理解しているか、理解しようと努力し続けているかが問われる理由の一つがある。そのアセスメントがたとえ真実にたどり着けないとしても、真実に可能な限り接近する努力をし続けることによって見えてくる世界は相当に違う。そのアセスメントによって向かう先も違うし、支援も変わってくる。

春佳さんが「飼いたい」と話したライオンは、いつも安心できる自分にとっての大人を意味し、自分も大切にしたい大人ではなかったか。やがてどの支援者の前からも姿を消すことになった春佳さんを思い浮かべながらそう感じた。

担当を外れて随分経った頃に雅子さんは精神的に落ち込んで入院した。その後の自転車とそのタイヤのことはわからないが、本当に心の杖にしたかったのは、自転車ではなくこどもたちだったろうと思う。それが叶ったのか、叶わなかったのか。

別れた後も心配な気持ちは続くが、忘れられない彼女たちの言葉と表情は、一瞬だ。

視点：寄り添う❷

6

真《ま》に受けないのも、また支援

相手の言葉を真に受けることは、
支援者として利用者とかかわるための礼儀だと思う。
その一方で、
「私の使う日本語音声言語を真に受けないでほしい」
というニーズもまた、たとえ少数であっても
正当なニーズだということも知っている。

1 とにかく「相手の言葉に耳を傾ける」が基本

まずはちゃんと聴く

「どんな話にも必ず一理ある」

というのが私のモットーだ。どんな状況にあっても、とにかく相手の話を聴くところから私たちの仕事は始まる。いつ、誰にそう教わったのか、もう覚えてもいないけれど、とにかくいろいろな先輩たちが、口を揃えてそう言っていたような気がする。私も、まるで生まれたときから知っていたような気分でいるが、きっとたくさんの人たちに教育されたのだと思う。そして、多くの利用者たちが、そのことを私に経験させてくれたのだと思う。

たとえ非常識だと思うことでも、辻褄が合わない、矛盾していると思うことでも、まずはちゃんと聴くことだ。そのなかでも若かった私が衝撃を受けたのは、「浦河べてるの家」の実践だった。浦河べてるの家の実践にふれるたびに、私はその圧倒的なちゃんと聴く姿勢に打ちのめされたものだ。私の場合、寄り添っても寄り添っても、まだまだ心のなかに「こうなるべき」とか「こうなったほうが幸せなはず」といった、自分中心の価値観が頭をもたげてくる。でも、べてるの家の実践は、なんというか、そういう「あるべき」を捨てたところからスタートする。そんな衝撃を感じていた。べてるの家の実践に追いつきたくて、一生懸命相手の話に耳を傾けた。当時も今も。結局、少しも追いつくことができなかったけれど。

■支援の原則

そうやって続けていってわかったのは、どんな話にも必ず一理あるということだった。例えば、ある母親が、知的障害のため言葉のない息子は担任の先生を嫌っていると訴える。「うちの子は絶対にあの先生を嫌っているんです」。でも、客観的に観察したところ、そのような兆候は全くない。こんなとき、多くの場合、「お母さんの思い過ごしだ」とか、「あのお母さんは心配しすぎる傾向がある」という結論に至ることが多い。でも、もっと話を丁寧に聴いていくと、母親自身も気づいていない漠然とした不信感や不安が出てくることがある。母親の真実は、「息子が先生を嫌っている」だが、私が見つけたのは「お母さんのなかに、先生を信頼しきれない不安がある」という事実だったりする。それは、決して的外れでもないし、思い過ごしでもない、そこには訴えたい何かがある。そもそも人は、自分の考えや感情を、すべて上手に言葉に表せるわけではない。だから、何かを訴えてくれたなら、そこに隠された本心に付き合う必要があると思う。話が深まると必ずどこかの地点で「なるほど、そういうことだったのですね」という瞬間がやってくる。私が「なるほど、理解しました」と反応すると、相手はたいてい「伝わった」安堵を示してくる。この時点では、最初に訴えた「息子は先生が嫌い」は単なるきっかけになっていることも多い。自分の不安に寄り添ってもらえた安心感が大きければ、きっかけとなった訴えは、しばしば大きな問題ではなくなる。

家族であってもそうなのだから、もともとコミュニケーションに障害のある当事者たちが、言語的に正しい訴えができているとは限らない。それでも、その訴えには一理ある。絶対に無視してはいけない。これが私のモットーだ。そして、当事者たちも訴えたいことが伝わると、たとえ解決しなくても、伝わった安心感だけでしばらくはやっていけるということもよくある。そういう意味で、相手の言葉を真に受けて、耳を傾けていくことが、支援の原則になると信じている。

ところが、だ。もともと言語を使って面談を行う支援を希望していた私の前に、知的障害最重度という人たちが現れたのだ。トレーニング期間中は場面緘黙でうまく面談できないという人に会ったことはあったが、そもそも言葉を使わない人を理解する方法は、誰にも習うことがないまま現場の職員になった。そこには、全く言葉を使わない利用者が何人も暮らしていて、私がそれまで学んできた方法を応用するのはとても難しいものだった。耳を傾けるべき言葉が、ないのだ。

2 相手の行動に目を傾ける

　言葉のない人たちとかかわるからといって、相手の言葉に耳を傾けるスタイルを簡単に捨てるのは嫌だった私は、とりあえず同じ手法で相手を理解しようと考えるようになった。言葉のないこの人の言葉にかわるものは何だろう？と考えると、すぐに行動であることに気づいたわけだ。相手の言葉に耳を傾けるがごとく、相手の行動に目を傾けるのだ。徹底的に観察することで、何を訴えたいのかを聞きとろうと考えた。そうやって目を傾けると、彼らの言葉は実に雄弁だった。嫌だから出ていこうとする。気になるものがあるから見にいこうとする。命の危険を感じるから大きな声を上げる。気持ちが伝わらないから、なんとか伝えようとありとあらゆる方法で訴える。彼らの行動という言葉は、一理どころか二理も三理もあるように感じられた。ただ、問題は、言葉でやりとりをしていたときのように、「なるほど、そういうことだったのですね」と相手に伝える方法がないということだ。その時点で、私には伝える手段として言葉という手法しか持ち合わせがなく、せっかく理解したとしても、理解したということを相手に伝えることができなかった。

相手は「気になるものがあるから、触りにいきたい」と言っている。「なるほど、そうだよね。気になるよね。触りたいよね。でも、触っちゃいけないルールになっているんだよ」をどうやって伝えるか。正直言ってお手上げだった。

この時期の私は、まだ言語の世界に住んでいる状態で、非言語の世界の相手とコミュニケーションをしようと試みていた。それはもともと無理がある。日本語がわからない人が外国語で話しかけてきたときに、どれだけ丁寧に日本語を発音したところで相手には伝わらないのだ。私が何より頼りにしている母語＝日本語音声言語を捨てて、相手の母語に寄り添う準備ができるまでに、長い月日が必要だった。行動で訴える人たちの母語がいったい何なのか。どんな言語を学べばよいのか、本当にわからなかった。

3 日本語音声回路をオフにしたとき見えてきたもの

母語は見えるもの

正直に言うと、知的障害が最重度で言葉を使わない人たちの母語が、見えるもの（映像）だと気づいたのは、出会ってから、気が遠くなるくらい後になってからのことだ。

あるとき、「気になるものがあるから、触りにいきたい」と訴えているとばかり思っていた利用者が、気になるものを自分で手の届かない場所に移しているのを見た。そこに載せたら二度と下ろせない場所に、どこにあっても触ろうとするものを一生懸命押し込んでいる。私には理解できない光景だった。

また別の利用者が、毎回のように観ていたビデオテープが壊れてしまったことがあった。そのビデオの映像が大好きで大好きで、毎回観ていると思っていたので、どれだけ混乱するかとビクビクしていたら、探しても探してもないことがわかると、その利用者はほっとした表情で別の遊びを始めたのだ。

このニつのできごとは、かなり近い時期に起こった。そして、このできごとが私に大きなヒントをくれた。

「気になるものがあるから、触りにいきたい」のではなく、

「触るべきものがあるから、触っていた」のではないか。

「触りたい」という意思があるから、「触ってはいけないルール」があることを教える必要性に迫られていたわけだが、もし、「触りなさい」と言われたから「触っていた」としたら……。自分で見えない場所に移動させたり、壊れて安心したりすることに説明がつくような気がした。

言語以外の思考方法

私の頭のなかは、圧倒的に言語が詰まっている。何を考えるときも言語で考える。言語で思考できない状態を想像することが、とても難しかった。もし、言語で思考しないとしたら、どんな思考方法があるのだろう。

ある研修会で、利用者とヘルパーのやりとりの動画が使われていた。何かの不具合で、音声が会場に流れなかったことがある。無音で二人のやりとりが流れ、それをじっと観察していたとき、はっきりとこの利用者が映像で思考していることに行き当たった。ヘルパーは言語で丁寧に解説している。それを聞いてしまうと、ヘルパーの言葉に反応しているような感覚で見えていた利用者の動きが、実はヘルパーの声ではなく、見えているものに従っているということがはっきりわかった。紙ナプキンがあるから口を拭く。食べるものが目の前にあるから食べる。ごみ箱が目の前にあるからごみを捨てる。言葉の指示ではない、目の前に現れる物の指示で動いているのだ。

あるからする。

なければしない。

「好きか嫌いかはまた別の問題です。やっと気づいてくれましたね」。

そんな声がどこかから聞こえたような感覚だった。

4 真に受けないというチャンネル

支援の手ごたえ

言葉を使わない人たちの多くが、映像が母語になっていることに気づいてから、これまで本人の「意思」だと思っていたことが、すでに（見える物に）命令されていた可能性があることに気づくことで、見せておいて、失敗させて、注意するという不毛なかかわりをすることがなくなっていった。最初から、失敗につながるものは見せない。状況が期待していることを見てわかりやすく伝えることで、彼らが無駄に失敗をくり返すことを減らしていきたいと思うようになった。それは、非常に効果的だった。いちいち失敗させないというだけのことだが、いちいち失敗させてから正しいほうに導くやり方が、どれだけお互いのストレスになっていたかを感じるようになっていった。とても手ごたえがあった。

このような支援をするようになってから、ある種の人たちとのコミュニケーションにとまどうようになる。ある種の人たちとは、言葉を使うけれど、母語は映像というタイプの人たちだ。

知的障害のないＡＳＤ（自閉スペクトラム症）の人たちのなかには、流暢に会話をする人がたくさんいる。親しくなると、相手にASDの特性があることを忘れてしまうくらい、こちらのコミュニケーションスタイルに合わせてくれる人もいる。しかし、そういう人であっても、「会話を全部は聞きとれていませんから、そのつもりで話してください」とか、「文字に比べると音声言語は信頼度が低いので、あてにしていません」などと言われるので、知的なレベルと母語が音声言語であることは必ずしも一致しないのだと思う。

真に受けないチャンネル

しかし、相手が流暢に音声言語で語ってくると、私は何度も勘違いをした。「見えているものにつられてしゃべった」とか、「映画で覚えたフレーズをそのまま引用した」とか言われても、どうしてもそれがその人の本心のような気がしてならないのだ。それでも、そうやって解説されるたびに、こんなに通じ合っているかのような会話をしていても、「本当に言いたいことは、書かせてほしい」などと言われるたびに、相手の言葉を真に受けないチャンネルをつくらねばならないと感じてきた。

本心は、その人の一番伝えやすい方法でなければ、伝えることができないのだ。私だって、本心は日本語で伝えたい。英語では絶対に本当の気持ちを伝えることはできない。同じように、同じ日本語を使っている日本人のなかにも、日本語音声言語が母語ではなく、第一外国語のような位置づけの人がいるということを、私は知ってしまったのだ。

ましてや日本語音声言語を全く使わない知的障害最重度の人たちは、どれほどの苦労を強いられていることだろう。こちらが不用意に置いた物に惑わされ、引っ張られ、引っかけ問題に引っかかるように、意図しない行動をとっているのだとしたら。想像するといたたまれない気持ちになる。こちらは環境を整えて「こういうこと？」と相手に確認する。相手は行動で「そういうことだ」とか、「いや、そういうことじゃない」と答えてくれる。言葉ではなくても、そこには対話が成立する感覚がある。

相手のニーズに寄り添うために

相手の言葉を真に受けることは、前提だと思う。支援者として利用者とかかわるための礼儀だとも思う。真に受けて、その言葉をくり返し、相手の鏡のようになることも大切な支援だと思っているし、そうありたいとも思う。その一方で、「私の使う日本語音声言語を真に受けないでほしい」というニーズもまた、たとえ少数であっても正当なニーズだということも知っている。

「意思決定支援」と言葉で書くと簡単だが、これを実践しようと思うと、こんなに難しいことはない。相手の言葉を真に受けなければ、意思を受けとれないこともあれば、相手の言葉を額面通りに受けとってはいけないこともある。また、表現方法は少し違っているけれど、そこに言いたいことが十分に含まれている「一理ある」訴えもまた、大切に扱われるべきだと思う。そう考えると、私たちは、完璧にニーズを把握できるようになれそうにはない。それでも、相手のニーズに寄り添いたいと思うことだけが、相手の救いになることもあると思う。

誠実に真に受ける

誠実に真に受けない

どちらも大切なスキルである。

視点：支援者の自己覚知

7
転回する支援

コペルニクス的転回。天動説から地動説へ。
自分の支援にまつわる根底がひっくり返される体験。
それまでの自分の常識が破壊され、
その荒れた地表から新たな命が芽吹くような感覚。
それは自分のなかの新しい確信となり、支援にまつわる
諸々の底流になっていった。

1 「ありがとうございました」なのか

孝くんと家族の思い

孝くんは15歳。古い社宅に優しい父親と同じく優しい母親の三人で暮らしている。介助してかろうじて座位はとれるが、自分でできる移動は寝返り半分ほど。柔らかめの食事を母親が口に運ぶたびに「おいしいね」とこたえ、トイレのタイミングは教えてくれるが、からだが大きいので狭い自宅のトイレは使いづらく、オムツを使っている。孝くんは学校が大好きで、スクールバスを利用して特別支援学校に通っている。しかし、そのバス停までが大仕事。自宅から玄関へ。そこからさらに外階段4段を降りて自家用車まで。孝くんを支援者が連れ出すときには、上半身を一人が抱え、腰から下半身をもう一人が抱える。支援者は腰を痛めないために二人がかりが定番。その大仕事は、一日最低2回の母親の日課だった。

その孝くんの母親から朝一番に電話が入った。

「大久保さん？　わたし、腰やっちゃって……。どうしよう」

父親は夜勤を含む不規則な勤務で、孝くんの家での介助はほぼ母親が担っている。その母親が腰を痛めたとのことだった。お風呂は清拭で済ませられるし食事介助もなんとかなるが、送り迎えができないので学校は休ませるしかない。大好きな学校を休ませるのはかわいそうだし、何より孝くんは時間を持て余してしまうだろう。自分のからだのことも困っているだろうが、母親の心配ごとは孝くんのことばかりだった。

当時の私は入所施設に在籍する相談員で、施設利用に関する相談のほか、在宅の障害児者と家族の相談にも応じていた。さっそく孝くんの家に訪問して、母親から詳しい困りごとを聞く。困り顔の母親と違い、孝くんはいつもと変わらず「お、おはよぉ」と迎えてくれた。

母親との相談の結果、施設の短期入所を利用することにした。いや、正確には在宅のまま支える術がほぼ存在しないなかでは他の選択肢はなかった。施設に戻り、さっそく施設内の調整をして孝くんを迎えられる準備をした。当時の施設は短期入所を受け入れているといっても、そのためのスペース、スタッフは確保されておらず、その都度やりくりして在宅の人を迎え入れていた。入所の利用者にとってはお客さんが来てうれしい反面、馴染みのスタッフの手を取られることにもなり、入所・在宅の両方の利用者にとって肩身が狭い仕組みだった。

母親の涙ともやもや

入所施設のスタッフはよくかかわってくれた。それでも初めての場所での生活、知らない人たち、いつも観ているテレビ番組は観られず、食事も母親の手作りとは違う。孝くんは少しずつ疲れた顔を見せるようになり、気力で毎日を過ごしていた。2週間あまり過ぎた頃、腰の状態が回復した母親が迎えにきた。施設スタッフに帰りの身支度をしてもらい、施設の玄関で久しぶりの親子の対面。孝くんにすると、やっとお母さんに会えてホッとしたに違いない。孝くんは声を上げて喜んでいる。それを見て母親は笑顔になりつつ、涙ぐみながら「ありがとうございました」と施設スタッフに深々と頭を下げた。母親の涙は孝くんに会えたうれしさと安堵であることに間違いない。しかし、心のなかは複雑で、我が子を他人に預けるしかなかった切なさ、我が子への申し訳なさなどがないまぜになっていただろう。

これまで何度も見てきた光景だった。しかし、孝くんを見送るときの自分は少し違った。それまでは家族に感謝される側にいると考え、悪くない心持ちだったが、何か変だ、これでいいのかという疑念、もやもやが湧き上がっていた。

母親はなぜ泣かなければならないのか。いや、泣くしか道はないのか。そもそも孝くんには、いろいろ手を尽くして対応したものの、結果としては元気がなくなってしまったのに感謝されていいのか。

2 何かを犠牲にして手に入れる支援

短期入所を利用して帰る際に、ほとんど例外なく「ありがとうございました」とお礼を述べて家族は帰る。本心でそう思ってくださっていると思うが、それにはどこかで居心地の悪さを感じていた。しかし、孝くんのときにはそれがはっきりと違和感として立ち上がってきた。後で気づくことだが、それは後戻りできない自分のなかの変化だった。

例えば、気に入ったシャツをクリーニングに出して、お金を払って受けとった後に新たなシミがついていたら怒るだろう。コンビニで棚から選んだおにぎりをレジで精算した後に消費期限が切れていることに気づいたら文句を言うだろう。予定したサービスを提供されなかったら、誰しもサービス提供側に文句を言うし、場合によっては返品や返金を求めるだろう。しかし、こと福祉サービスに関しては違う。その当時は違った。たとえサービス提供の結果が提供前よりも劣化していようが、サービスを利用した側が感謝を述べ、頭を下げる。結果の善し悪しは関係ない。サービスを利用したらイコール感謝。サービス提供への無条件の感謝を利用者はしていたし、サービスを提供する側も当然と受けとめていた。

施設や施設スタッフを批判しているわけではない。孝くんの場合、孝くんにとって大切な家族との時間、家での生活を犠牲にしなければと短期入所は利用できない。大好きな学校をあきらめなければ利用できない。母親にしても、自分のからだの養生のためには息子を施設に預けるしかない。施設がどうかとかスタッフがどうかではない。そういうシステムなのだ。孝くんの母親の願いは、腰が治るまでの間、母親の代わりに「孝くんの介護を手伝ってほしい」だし、孝くんは「家で生活したい」「学校に行きたい」だけだった。たったそれだけだ。

しかし、それを実現するには身体的にも心理的にも家族全員が少なくない犠牲を払うしかなかった。自分の大切な何かを犠牲にしなければ手に入らない支援しかないのか。そんなものに意味はあるのか。どうにも孝くんの母親に、何より孝くん自身にお礼を言われていいわけがないと思うようになっていった。

3 心を変える力

施設職員だった頃に、忘れられないできごとがいくつかある。それらは、その後の自分の方向を決めることになる重大なことだった。一つは、先の孝くんなどとの付き合いのなかに包含されていたが、もう一つ全く別のできごとがあった。

当時、近隣の高校と協力して実施していた「福祉教育」という取り組みがあった。きっかけは、全道（北海道全土）を飛びまわり、施設と普通科高校をつなげ福祉教育を熱心にすすめていた先生だった。高校の家庭科という科目を通じて施設スタッフが高校に障害児者福祉の出前授業を、高校生たちは施設に入り込み、利用者の介助や遊び相手をするボランティア活動を行った。福祉施設と学校教育の相互乗り入れである。

施設の利用者はほぼ言葉のない人たちで、多くは寝たきりだった。その利用者たちとともに高校生たちは施設で数日間を過ごす。わずか数日間だが、その数日間の変化は驚くべきものだった。最初の1日目は、言葉もなく寝たきりの施設利用者に驚いて近づくこともできない。その日の振り返りの時間には「帰りたくて」泣いてしまう高校生もいた。ところがだ。2日が過ぎ、最終3日目の利用者とのお別れ会のときには、全く違う理由で泣いてしまう高校生がかなりいた。その理由は「帰りたくない」だ。来た当初とは真逆の反応。高校生たちはその心境の変化をレポートとして残してくれていた。人生で初めて会った障害の重い人たちは、当初、理解不能で怖い存在だったが、3日間食事介助や散歩など一緒に時を過ごすうちにいつしか理解可能、応答可能で極めて自分に近い距離の存在に変わっていったという。たとえ言葉はなくても人は心を通じ合える。そのことを高校生たちは身をもって体感したといっていい。

この高校生たちの変化は自分に強い衝撃を与えた。大学で福祉を学び、長く障害福祉の現場で働いていたが、自分にはこのように高校たちの心を変える力はあるだろうか。いや、自分だけではない。世の中の福祉は、教育は、大人たちは、福祉や障害と縁のない高校生たちを、人と人は言葉が通じなくても心でわかり合えることを教えられるだろうか。

変えたのは他でもない、施設で暮らす寝たきりの、自分では食事もとれない重度の障害のある人たちである。言葉でなく、頭でなく、心を変える力。しかもたった3日間で。自分のなかのもやもやは、ここでもふくれていった。

4 そして、旭川へ

もやもやの風向き

福祉事業の運営に関するもやもやもあった。今にして思うと、これらすべてのもやもやは「何を大切にするのか？」という自分への問いだったように思う。しかし、この自分への問いの答えは簡単には見つからなかった。

自分に劇的な変化が起こったのは、いつもの職場でも家でも住み慣れた町でもなかった。その場所は、札幌から北へ車で１５０㎞ほど走った旭川市の東の街はずれにひっそり建つプレハブだった。訪れる前には、このプレハブでの出会いが、その後の自分の行く末を大きく変えることになるとは思ってもみなかった。

プレハブを基地に展開していたその事業は「サポートセンターぴっころ」といった。詳しくは、「８ 援助関係と専門性」のとおりだが、そこに自分の足が向くにはその謎の事業を始めた安井さん（筆者の現・大友さん）の存在があった。彼女のことは、自分が施設の福祉実習担当だった関係で一方的に知っていた。その当時の彼女は、道北の知的障害者施設で実習担当もしていて、会議での彼女の発言は群を抜いて光っていた。施設も国内の先陣を切って利用者の「人権宣言」を打ち出すなど、活躍はめざましく、たくさんの見学者が訪れていた。その彼女に驚かされたことが三つあった。

一つは、彼女の雑誌への寄稿だ。そこには本人の思いに沿って活動したとしても施設生活の制約からどうしても個人に焦点を当てた援助には限界があると書いてあった。しかし、当時の自分にすると、「いやいや、あなたの施設ほどよく利用者支援をなさっているところはなかろうに」と驚いた。二つめは、注目される施設の中で中核的に活動していた彼女が職場を辞めたことであり、三つめは、その彼女が何やら新しい活動をはじめたと聞いたことだった。これはもう見にいくしかないと一目散で車を走らせたのは、確か１９９８年の６月だった。

「タイムケアサービス」――プレハブを訪れたときに説明されたその真新しい言葉に、まず頭のなかで「?」がいくつも点滅した。公的制度が存在しないなかで事業を存立させるために、年会費をいただいたうえでオーダーに応じたケアを行い、その時間に従った利用料金を支払ってもらう仕組みだった。さらに安井さんの口から出た「時間で私たちを買っていただく」「福祉の主導権は誰がもつのか」という言葉に、点滅した「?」はいくつもの「!」に変わっていった。タイム、ケア、サービス、お金、買う、福祉の主導権など、当時にすると刺激的な言葉が並んでいるが、理解が進むと、そして時代が進むとそこで行われていたことは極めて当たり前のことだった。

もやもやが晴れたとき

「いつ、何を、どのように、どれくらい利用するかはあなたが決めてください」。例えば、ある母親からの「明日の学校の帰り、本人が大好きなプールに一緒に行って終わったら、これも本人が大好きなおやつをお店で買って一緒に食べて自宅まで送って帰って来てください」というオーダー。その希望に従って、スタッフがさまざまな配慮をしつつ個別にお付き合いする。タイムケアサービスのオーダー主が家族であるということもあるが、本人が自分の要望を伝えられる、あるいはスタッフがくみとれるならば、本人に直接意向を確認することになる。それだけでなく、障害のある人の、障害のないきょうだいたちも等しく利用者として付き合っていた。

頭のなかでいくつもの「?」と「!」が飛び交った数時間は、あっという間に過ぎた。衝撃は、次第にこれまでの自分のなかのもやもやと結びつき、高濃度の霧を晴らしていった。

なんだ、そうか。利用者を変えるんじゃなくて自分(支援)を変える。利用者を支援の枠組みに入れるのではなくて、利用者に合わせて支援の枠組みをつくればいいのだ。そうしたら、あの孝くんもお母さんも心底喜んでくれたかもしれない。コペルニクス的転回。自分のなかの「支援」が、グルッと転回した瞬間だった。

「もうこれは自分もやるしかないべ!」

車に乗り込んでドアを閉めて、札幌へアクセルを踏んだ。

5 障害があれば「しかたない」のか

障害が理由の「しかたない」を減らすサービス

ぴっころから学んで札幌の中央区で「い〜な・い〜ず」という私的サービスをはじめたのは1999年の夏だった。制度はない。つまり事業の収入源は利用者からいただくしかない。しかし、その代わり法律に違反しない限り、そして利用者の利益に反しない限り、利用者も事業者も自由だ。いわば「裸の支援」。利用者と事業者との間にあるのは、お金と利用者のオーダーと事業者のサービス提供以外ない。「世話になる」「世話をする」関係ではない。劣化したサービスであればクレームをつけ返金を求めればいい。サービス提供を受けたからといって利用者が無理して頭を下げる必要もない。「福祉の主導権を利用者に渡す」を言い換えるならば、「本人主体」「人権尊重」「ノーマライゼーション」を、スローガンではなくそのとおりやりましょう、やり抜きましょう。言葉でなく、理想でもなく、目の前のその人との間で実現しましょう、ということだろう。

当時の「い〜な・い〜ず」のパンフレットにはこうある。

私たちのお手伝いで、障害のある方や家族の方がしたいことに少しでも挑戦できたら。あきらめていたことのごく一部でもかなえられたら。障害が理由になった「しかたない」をひとつでも減らすことができたら。私たちを使っていただくことで、一時間でも、一回でも、暮らしにくさからちょっと抜け出せたら。安心、届けられたらい〜なと思います。

障害が理由の「しかたない」を一つでも減らしたい。しかも、その評価が直《じか》にわかる自分の頭とからだを使って実行したい。自分もしくは数人のスタッフでできることはたかがしれている。だから、まずは1回、1時間でも。

母親が急病であれば自分たちが自宅に泊まり込み、障害の重い本人と付き合ったし、本人の希望でサクション（痰の吸引）と24時間の介護が必要な人たちの家に泊まり込みもした。家族としか旅行したことのない障害の重い人たちの希望で、旅行の付き添いもたくさんした。障害のないきょうだいたちともたくさん遊んだ。

変わる景色

これらの体験は、自分の見てきた景色は物事のごく一面で、自分は多くを知らなかったことを教えてくれた。自分が見てきた、感じてきた、考えてきた、実践してきたことは、福祉を提供する側の論理だった。しかし、例えば通所先に障害のある本人を送り出すためには、前日（場合によってはもっと前）から準備があってのことだし、きょうだいたちの諸々の育児があってのことだし、さらには経済的な家族全体の諸々の準備があってのことだと知った。何より家族を構成するそれぞれの人の歴史があり、それらが複雑に絡まりながら家族の歴史があることを知った。福祉を提供する側は、「そこ」に来てからのことは考えるだろうが、それはその人の人生にとってごくわずかな時間のことだと思い知った。「生活」とはそういうものだとわからせてくれた。自分では、そのような景色を知ろうと努力をしていたとは思う。しかしそれは、福祉を提供する側に身をおいてのことで、福祉を利用する、利用せざるを得ない場所からではなかった。

光と影。表と裏。自分が見えている、知覚している世界はたかが知れている。転回する支援――他者によって転回させられたり自己によって転回したり。常識は壊されるべきものなのだろう。自分を疑うことをやめないことだ。それは、支援と称するものに携わる者の本務の一つに違いない。

視点：アセスメント

8
援助関係と専門性

援助関係と専門性を抜きにして、
支援現場を成立させようとすると、
「対等な関係」は全く違った意味で
独り歩きをしてしまう。
援助関係と専門性は、セットでなければ成立しない。

1 利用者から学んだ非専門性へのニーズ

知的障害者入所施設で学んだこと

大学を卒業して3年間、望んだわけではなかったのだが、いろいろな状況が重なり、フリーで働くことになってしまった。母校の社会福祉学科や実習先だった医療機関などで、事務職と研究職と支援職の中間地点のような、さまざまなバイトをしながら生活をした。そうせざるを得なくなってしまったというのが本当のところだったが、そこで体験したことが私の仕事上のスキルの基礎となっているのは確かだ。専門性とは何かなどとすぐに理屈っぽいことを考えるのも、もやもやしたことを言語化せずにはいられないのも、その時代に身につけたもののように思う。しかしながら、宙ぶらりんな生活であったことは間違いなく、3年続けたのちに、知的障害者の入所施設からお声がけいただいたときはとてもうれしかったのを覚えている。もともと学んだ分野ではなかったし、聞いたこともないような町にある施設だったので、不安がなかったといえば嘘になるが、一度見学して、利用者とかかわってみると、不安よりも期待のほうが大きくなっていった。

大学というところはそもそも専門的な場所で、当時は社会福祉学を学問として成熟させたいという熱い空気があった。また、私が学んできた精神科ソーシャルワーカーの業界には、まだ社会福祉士や精神保健福祉士という資格もない時代で、医療機関に所属し国家資格なしで専門職を名乗るために、専門的であることにとても敏感で、常に福祉専門職としてのアイデンティティを考えることが求められていた。しかし、障害者施設という現場は医療現場と違って、そこで働く人たちは基本的に福祉職の人たちで、だんだんと、福祉専門職のアイデンティティなんてどうでもよくなっていく感覚があった。必要なのは、福祉職としての専門性ではなく、利用者にとってどういう職員であることが利用者を幸せにできるのか、という感覚のように思えていった。

当時の入所施設には、軽度知的障害の人から、最重度知的障害の人までがまんべんなく入所していた。明日にでも一般就労できそうな利用者と、言葉もなく食事、入浴、排泄と身辺面のすべてに介助が必要な利用者までが、共同生活を営んでいた。そのような実態のなかで、私たち職員がどういう存在であるべきなのかといった問いは、医療現場で専門職に囲まれて、いかに福祉職が必要な存在かを認知してもらうかという問いより、はるかに切実な問題であったように思う。

それくらい、あまりにも知的障害者入所施設の生活は、一般社会とかけ離れたものだった。誰とどこで暮らしたいかという希望はもちろん、プライベートなエリアも、自分の意思で食べるもの、着るもの、買うものを選ぶことも、外出の機会さえも、十分には確保されない利用者の生活を目の当たりにしたとき、職員は専門的な支援よりも、一般社会に住む隣人としてのかかわりを期待されているように強く感じた。何かショックなことがあったら、例えば友人と居酒屋に行ってお酒を飲みながら語って、少しだけすっきりすることがある。そういうことが職員には許されていて、利用者には許されないのはとても理不尽だと思い、友人のように外出する許可を取って、夜の街に出かけたり、自分の休みの日に、利用者を誘って買い物に行ったりした。利用者もまた、私たち職員に専門職としてのかかわりよりも、友人のような関係を求めていることはあきらかだった。私には専門性へのニーズより、この非専門性へのニーズのほうがずっと切実で、強いもののように感じられた。同じ人間なのに、一方には簡単に許されることが、他方には許されない。これが理不尽でなくて何なのだといつも思っていた。

福祉の専門性とは?

考えてみると、施設で安全のため生活を管理されることも、日々の言動や行動を記録され、申し送りされることも、職員が職務として行っていることの多くが福祉的ではない。福祉の専門性はここには必要ないのではないか。当時はそんな気持ちになっていたかもしれない。

時代は、「入所から地域へ」「措置から契約へ」という声が高まりつつある時期だった。若かった私は当然のごとく、入所施設で暮らすこと自体が、福祉的でないことに気づいていった。この人たち（利用者）は、私たち（職員）のお給料のために生まれてきたわけじゃない。私たち（利用者と職員）は、ともに幸せになる権利をもった同じ人間なのだという感覚は、おそらくこの理不尽で窮屈な入所施設の暮らしを知るなかで、私のなかに根づいた感覚なのだと思う。

私が「対等の関係」というフレーズを使うとき、いつもベースにある心象風景は、入所施設で暮らしていた利用者と呼ばれていた知的障害者の姿だ。利用者と呼ばれていた人たちと職員と呼ばれていた私たちの間に、人としての価値に違いがあったかと問われれば、迷いなく「違いはなかった」と答えられる。だから、私は今でも、利用者と職員の人としての価値は「対等」であり、人として「対等の関係」がベースだと信じている。

今でも時々、こんな仕事は辞めてしまって、友人としてかかわったほうが役に立つのではないかと思うことがしばしばある。それでも職業としての福祉をやめないのにも、それなりの理由はある。

2 非専門性へのニーズと専門的支援の関係

サポートセンターぴっころの誕生

7年間、施設で幸せになる方法を考えに考えた私は、施設では幸せにはなれないという結論に至り、施設の外で障害のある人の幸せを応援したいと考えるようになった。そして、元同僚だった友人と二人で、無謀にも無認可で事業所を立ち上げることにした。その事業所の名前は「サポートセンターぴっころ」という。

当時、15歳で施設に入所するこどもたちがとても多く(私が暮らす地域では、その頃養護学校に高等部というものがなかったため、養護学校時代から寄宿舎で暮らしていた障害の重い人たちは卒業と同時に成人の施設に入所することが一般的だった)、その一方で親御さんたちは必ずしも入所を強く望んでいるわけではなかった。自分がケアできるうちはしたいと考えている人も多く、しかしながらそれができなくなったときのために、施設はキープしておきたいという気持ちが強いようだった。なぜなら、当時、知的障害のある人たちの生活をケアするためのサービスは、入所施設くらいしかなかったからだ。短期入所というサービスもなく、通所という形態がなかったわけではないが、生活面を含めたケアとなると入所施設しかないというのが実情だった。何かあったときに頼る場所がない不安が、入所施設へのニーズを強くしていた。

もしも、地域に利用しやすいちょっとしたサービスがあれば、本当は入所したくない本人も、本当は入所させたくない家族も支えることができるのではないか。

サポートセンターぴっころの「ぴっころ」は、イタリア語の「小さい」を意味し、「ちょっとしたサービス」というイメージでつくった事業所だった。ちょっとしたサービスで、入所する時期を遅らせることができるなら、ちょっとした時期だけでも支えたい。そんな気持ちだったかもしれないが、無認可のまま15年近く活動した。

非専門的なかかわり

無認可というのは、国も都道府県も市町村も誰も保証はしないという意味で、そこに公費はいっさい使われていない。ある程度の収入は必要なので、もちろん有料サービスということになる。何の保証もない有料サービスを利用してくださった方々の勇気には本当に感謝している。逆に言えば、そこに賭けなければならない事情もあったのだと思う。

「行動が難しくて家族だけではとても大変」

「引っ越してきたばかりで頼れる人が誰もいない」

「障害のある子だけでなく、そのきょうだいのことも考えてあげたい」

無認可ゆえの柔軟さで、私たちはさまざまな家族のニーズや、家族と暮らす障害のある人たちのニーズに応えていった。ぴっころを始めたのが1997年で、措置の時代が終わり、地域で利用できるサービスが制度化されたのが2003年。この時期は、家族のニーズに応えることが中心で、それぞれの家族のやり方をできる限り尊重してお手伝いするということを徹底していた。サービスが家族の生活を妨げないということが大事だと思っていた。あまり支援が上手でないことも、場合によっては受け入れられたような記憶がある。有料サービスだというのに失敗すると、依頼主である家族（母親）に「あなたのようなプロでも失敗するんだから、私が失敗するのは当たり前とわかって安心した」と言われて、複雑な気分になったことを覚えている。不安や自信のなさや迷いのなかで、初めて障害のある子の子育てをしている親に寄り添う仕事は、私をとても成長させてくれた。専門的な支援技術だけが、暮らしを支えるわけではないという感覚があった。専門的だから受け入れられるのではなく、非専門的なかかわり（まるで家族や親戚のような関係性）が、力になるのではないかと思っていた。

2003年に制度化されたサービスは、形を変え、名前を変えて、広がっていった。徐々にわざわざ有料の無認可事業所を使わなくても、公的サービスで賄える状況が広がっていく。その流れのなかで、なかなか「ぴっころ」をやめられなかったのは、最後に残った課題があったからだ。

行動障害のある人とのかかわり

それは、行動に難しい特徴のある人たちだった。今でいう「強度行動障害」の人たち。重い知的障害と自閉スペクトラム症の特性を併せもつ人たちで、けがをするほど激しく自分の体を打ちつける。一日に何度もパニックになる。パニックになると他者がけがをするような行動（噛みつく、叩くなど）が頻発する。こんな人たちとその家族とのかかわりは、どれだけ制度が充実しても切れることはなかったし、どれだけ家族の不安に寄り添っても、非専門的なかかわりでは何の力にもなれなかった。

当時、私は勘違いをしていた。入所施設の利用者が望んでいるのは、専門的なかかわりではなく、友人のような関係性だと確信した状態で、無認可事業所を始めたので、まるで家族や親戚のように親しくなることで、安心を提供していけると思っていたし、実際、親しくしているから安心してもらえていると思っていたのだ。けれど、おそらくその手前に、叩き込まれた専門性が機能していた。信頼関係をつくるための、共感のスキルや、話に耳を傾けるスキルや、不安を否定しないで寄り添うスキル。私が無意識に行ってきた専門的な支援が、かろうじて関係をつないできたのだ。もっと言うなら、入所施設で感じてきた、専門的なかかわりより友人のような関係性というものも錯覚で、そこには人としての最低限の権利が保障されていない現実への対応という、専門的な発想が根づいていたのだと思う。利用者の側に、非専門性へのニーズは確かにあったかもしれない。職員じゃなくて、友人としてかかわってほしいというニーズを、しばしば感じるのは事実だ。しかし、それに対応する私は、ちゃんと専門的な視点や方法でかかわっていたのだ。それなのに、そのことを自覚していなかった私は、自分を傷つけたり、他者を傷つけたりして助けを求めざるを得ない人たちを専門的な知識、技術なしに、ただただ家族を助けたいという「思い」だけでかかわろうとしてきたのだ。それは、あまりにも無謀で、無理があり、危険なことだった。

専門的な支援で人は幸せにならないと思い込んできた私は、噛みつかれたり、叩かれたりするたびに、この人たちのからだを張った訴えに耳を傾ける準備と、専門的な支援と再び向き合う覚悟ができていったようにも思う。専門的な支援だけでは人は幸せになれないけれど、専門的な支援もまた欠かせない要素なのだと、ようやく認識できたのだ。

3 専門性が必要な理由

強度行動障害のある人との出会い

もし、「強度行動障害」の状態にある人たちと出会わなかったら、私は今でも専門性なんかいらないと思って仕事をしていたかもしれない。自分がどれだけ専門的な知識や技術、そして理念に支えられているのかも自覚せず、無責任に「寄り添えばなんとかなる」とか言っていたかもしれない。しかし、噛みつかれる痛みは、物理的な痛みとして、彼らの訴えを直接的に受けとる体験となったようにも思う。「もうこんな痛い思いはしたくない」と思ったのを鮮明に覚えている。それはとりもなおさず、「こんな痛い思いから解放してほしい」という「強度行動障害」の状態にある人の声だった。そこから、私は一から学ぶことにした。

学べば学ぶだけ、「思い」だけでは何もできないという現実を理解していった。好きでやっていると思っていたことさえ、こちらが無意識にやらせてしまっているかもしれないということ。楽しそうにしていると見えていた姿が、実は困っている姿なのかもしれないということ。今まで自分が信じてきた世界が、全く違う世界に見える経験をした。「すぐにパニックになる気の毒な障害をもった人」と思っていたのが、パニックにさせているのは自分の下手な支援だと気づき、申し訳なさでどうしていいのかわからない気持ちになった。苦しめていたのは私だったのだ。有料で苦しめていたのかと思うと、本当に情けなかった。

専門的な支援の必要性

利用者の権利を守るために、専門的な支援ではなく隣人としてかかわることが必要だと思い続けてきたけれど、隣人は「知らなかった」で許されても、支援者は「知らなかった」では許されないこともある。もし、支援者が「知らなかった」を理由に、毎日利用者を苦しませることが許されたなら、これは福祉サービスではなくなってしまうからだ。「知らない」「学んでいない」「理解していない」を簡単に免罪符にしてしまえば、利用者の人権はあっという間に侵害されてしまう。あんなに熱心に利用者の権利を守ろうと熱くなっていた私自身が、「知らなかった」ために相手の権利を侵害していたかもしれないのだ。

自分が利用者をパニックにさせておいて、その状態では危険だからと、命を守るために安全な場所まで引きずって移動させましたとか、他の人に危険なことをしないように押さえつけましたとか、自分たちの支援が原因だという「からくり」を知らなければ、危険回避を理由にどんな人権侵害も簡単に見逃されてしまう。

支援の仕事をするのであれば、最低限かかわる相手の障害について学ぶ必要がある。そうでなければ、そうとは知らずに命を危険に晒したり、権利を侵害してしまったりするからだ。忙しいとか、人手不足でそれどころではないという声をよく耳にするが、本当は最低限の知識や技術を身につけることは、支援者の義務なのだと、今ではそう思っている。

もちろん、「強度行動障害」の人たちのように、あっという間に危機的な状況に陥ってしまう人ばかりではないとも思う。何の知識、技術をもたずとも、問題なくかかわれてしまうと思う場合もある。それでも、そういうかかわりの積み重ねが、利用者の負担になることもあれば、知らず知らずのうちにストレスがたまり、トラブルの原因になることもある。何をすることが、あるいは何をしないことが相手を苦しめることになるのかを知ることは、やはり支援者には欠かせないことなのだ。

専門性の幅

ただ、専門性とはクールな正しさのことを指しているわけではない。専門知識は障害のある人たちを、社会が隣人として迎えるために使われなければ意味がない。だから、福祉の専門性には他者をあたたかく理解したいという動機が必要なのだ。この「あたたかく理解したいという動機」と「専門的な知識・技術」は、どちらも大事で、どちらが先でも後でもよいと思う。どちらかがきっかけで、どちらかが育っていく。だから、知識や技術はないけれど、利用者のために何かをしたいという気持ちだけがある人のことも大切にしなければならない。

また、「あたたかく理解したいという動機」をもつ隣人が増えることは、全体として福祉的な社会をつくることになる。専門職を増やすことよりも、大きな力になるのかもしれないと考えることもある。かつての私は、自分が隣人になることで解決しようと考えていたわけだが、地域の力を信じて働きかけることも大切な専門性だ。福祉サービスを充実させたほうがよいのか、地域が障害のある人たちを受け入れる力をつけるための応援をしたほうがよいのか、この先は真剣に考える時代が来るのかもしれない。

4 援助関係と専門性

対等な関係とは

「支援者と利用者は上下関係ではない」「利用者と支援者は対等な関係です」。こんな言葉がよく研修や学校など教育場面で用いられる。措置時代から支援者をやってきた私にとっては、このようなスローガンを叫びたくなるのは当然のことだ。それくらい、措置の時代は制度自体が利用者と一般市民を対等に扱っていなかったように思う。しかし、契約制度になってから支援者になった人たちが多くなった現在では、この対等という言葉の使い方が少し変化しているように感じている。「利用者と支援者は上下関係ではない」。だから、利用者のカスハラ★には毅然として立ち向かおうなどという声を聞くこともある。私のなかでの上下関係問題とは、「支援者が上で、利用者が下ではありませんよ」を意味するが、この場合の上下関係問題は、「利用者が上で、支援者が下ではありませんよ」を意味するようだ。「利用者と支援者は対等な関係」なのだから、支援者が利用者のためを思ってやってあげたことに対して利用者は支援者に感謝すべきだとか、利用者にひどいことを言われたら支援者にも怒る権利があるなどという話に出てくる「対等な関係」は、援助関係で使うと違和感がある。

対等な関係の裏にあるもの

利用者と支援者は、確かに、人としての価値は対等なのだ。けれどやはり援助関係は、友人関係とは全く違う側面がある。

★**カスハラ**
カスタマーハラスメントのこと。

施設職員だった頃、よく利用者の家族から「我が子を人質にとられてますから、余計なことは言えません」などと、冗談交じりの本音をぶつけられることがあった。「そんなことを言わないで、何でも言ってくださいね」などと答えながら、それは難しいことだろうなと、何度も想像したものだ。知的障害のある利用者であっても、職員の顔色をうかがったり、職員が喜ぶことを一生懸命言ったりする人は多かった。皆、うすうす気づいている。ここで嫌われたら、自分はマズイことになると。支援者は気づいていないかもしれないが、利用者は皆、多かれ少なかれ、このような対等でない関係性を感じているような気がする。

例えば、病院に入院したとき、医療職の言うことを聞いておいたほうが自分の身は安全だろうなと思う。手術などされる場合には、文字どおり「まな板の上の鯉」状態である。相手がどんな人であっても、嫌われないほうが身のためだと本能的に感じてしまう。何かをする人とされる人の間には、基本的に対等でない立場があるのだと思う。

私が知的障害について学べば学ぶほど、私が知的障害のあるその人を知れば知るほど、その人が苦手なこと、できないこと、わからないことを明確に把握することになる。私はその知識や情報を、その人の福祉（幸せ）のために使おうと思って集めるけれど、私のなかに倫理的なものが欠如して、悪意が体を埋め尽くし

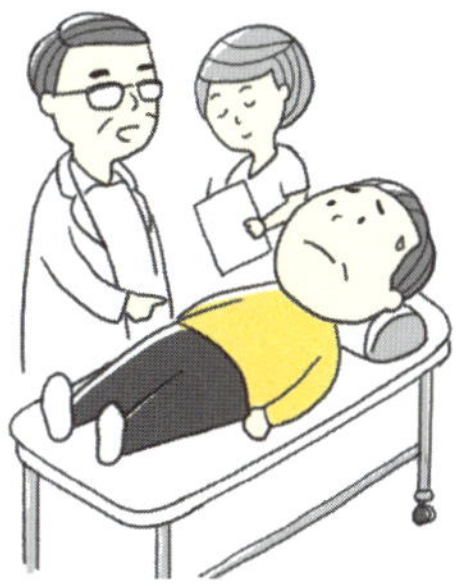

てしまったら、いつだって簡単に、その知識や情報を使って、相手の利益を侵害することは可能なのだ。援助関係とはそういう関係のことだと思う。だからこそ、倫理観が必要なのだ。

援助関係と専門性をセットで

契約で成立している援助関係は、相手のニーズに応える専門性が必要となる。相手のニーズに応えられない対応をして、それでも気持ちはあったのだから感謝されるのが当然という論理は、残念ながら通用しない。「利用者はお客様なので、何でも言うことを聞きましょう」という態度が、トラブルを生み出すこともあれば、何でも言うことを聞くことでしか、信頼関係をつくることができない場合もある。これを判断するのもまた専門性だと思う。援助関係と専門性を抜きにして、支援現場を成立させようとすると、この「対等な関係」は全く違った意味で独り歩きをしてしまうような気がしている。だから今では、援助関係と専門性は、セットでなければ成立しないと考えている。

契約をして報酬が発生する援助関係は、支援ニーズによって成立する特別な関係なのだと思う。そこで起きるトラブルは、基本的には支援者側に責任があり、利用者の責任にすることはない。うまくいかないのは、支援不足か、支援者の力量不足ということになる。そこにいる支援者が全く専門性をもたない人であれば、そもそも援助関係は成立しないのだが、あまりの人手不足時代にあって、そのような実態が現実になってきているようにも感じている。援助関係や専門性を語れない時代が来るのではないかと危惧している。

すべての人が大切にされる権利

障害のある人が、人として大切に扱われるべき存在なのに、そうなっていないことに憤りを感じ、この仕事を続けてきたが、最近、支援者も自分は人として大切に扱われていないと感じている人が多いのではないかと思うことがある。「利用者と支援者の人としての価値は対等である」というテーマが成立するためには、多くの人は大切にされているが、一部の人が大切にされていない社会が前提になっている。ほとんどの人が大切にされない社会で、福祉は成立するのだろうか。そんなことを考えると、恐ろしくなってくる。すべての人が人として大切にされる権利があるということを、福祉関係者だからこそ声を大にして訴えたい。

自分もまた、この社会で人として大切にされて生きていきたい。そういう社会をつくりたい。それが、私が福祉を職業とすることをやめなかった理由なのかもしれない。

視点：インフォーマルとフォーマル

9

制度と支援

人は制度に沿って暮らしているわけではない。
人の暮らしにとって制度とは一つの道具だろう。
届いた封書をきれいに開けるためのハサミであったり、
晩ご飯のためにネギを刻む包丁であったり。

はじめに

逆転する関係。例えば、生活に関する何らかの仕組みは、人々の暮らしに役立つためにつくられる。しかし、いつの間にかその仕組みが人々の暮らしを制御する。暮らし優先ではなく、仕組み優先に逆転する。仕組みを道具に置き換えると、生活のために作った道具だったはずが、その道具に合わせた暮らし方に変化する。金槌やドライバーなど自分が手にできる道具なら「これ使いづらいわ」と改良できるかもしれないが、自分の視界に入らないくらいの大きな道具になると難しいらしい。その代表例が制度という仕組みだろう。

制度には、理念があり、目的がある。その理念、目的は、例えば障害者総合支援法であれば「障害者及び障害児が基本的人権を享有する個人としての尊厳にふさわしい日常生活又は社会生活を営むことができるよう」「障害の有無にかかわらず国民が相互に人格と個性を尊重し安心して暮らすことのできる地域社会の実現に寄与することを目的」にしている（第一条）。自分などはこの法律の理念や目的に「その通り！」と声を上げる。しかし、その制度が具現化されるべき現実世界は、その理念や目的とかけはなれていることがままある。

制度は誰のために何のためにあったのか。時計の針を少し戻しながら制度の変化とそれが及ぼした人々の意識の変化をのぞいてみる。

1 制度が整う裏側で（1）

障害者がいなくなった！

ごく最近、ひとみさんの災害時の避難に関する話し合いに呼ばれて彼女のマンションを訪れた。本当に久しぶりだった。車いすの彼女とは彼女の相談員として、その後は町の障害福祉の協議会仲間として、さらに福祉事業の同業者としてお付き合いしてきた。気が許せる、自分にするとちょっと同志的な人だ。そんな彼女がひと通り話の終わった後にぼそっと口にした一言は、優しい口調と裏腹にひどく鋭利だった。

「ねぇ、大久保さん。障害者がいなくなったんだけど……」

障害者がいなくなる？　いやいやそんなわけはない。独特の謎かけだ。

彼女に真意を尋ねると、自分や自分の障害のある先輩や近しい人と違い、今の障害のある人は自分のやりたいことをはっきり表現しない印象を受けるという。ヘルパーや福祉事業所への希望などを強く言わないし、自己を主張しない（ように見える）。これらは自分や先輩などが通ってきた道である「障害者の自立」のために立ち上がることをしないことにつながる。彼女はそれがなくて障害者といえるのかと問いたいようだった。自己表現を全くしないという意味ではなく、日々の生活のなかで自分に大切な要望、要求をしない。その延長線上には社会への主張もあるし、アクションがある。誰しも自分らしく生きていくためには少なからず何らかの闘いも必要で、特に障害のある人など〝マイノリティ〟とされる場合は、意思の強さというか芯の強さを持ち合わせている人が多いと感じる。地域に支援がない時代、自ら立ち上がってきた多くの先人「障害者」。これまでに巡り会った、本書の「はじめに」の瓶ビールにストローのおじさんなど、たくさんの顔が浮かぶ。ところが、ひとみさんによれば「近頃の若い者」はちょっと違うということのようだ。この話を聞いて思わず「なるほど」と唸った。なぜなら同じような景色を自分も見てきたからだ。

お客さんもいなくなった

「い〜な・い〜ず」という私的サービスをはじめたのは、ちょうど支援費制度が始まる3年半前だった。この事業は当初の予想を超えて1年経たずに会員は100家族を超え、この事業に携わりたいと尋ねてくるスタッフ候補も多数いた。その後、支援費制度、障害者自立支援法、障害者総合支援法と制度はめまぐるしく変わり、「い〜な・い〜ず」も私的サービスの一部を残して多くの事業を公的サービス（ヘルパー事業など）に転換した。会費制と利用料という不安定な収入ではなく、公的な事業として報酬が得られるようになり、スタッフの給料は少々まともに払えるようなったし、利用者も「高額」な利用料ではなく一割もしくは無料でサービスを利用できるようになった。そして、ほどなくサービス提供主体も急増し、利用する人も大幅に増えた。地域で生活する制度が拡充されると、町で見かける障害のある人も増えた。現在も続く制度のすばらしさがここにあった。

しかしその一方で、手放しでは喜べない現実が顔を出した。それは時代に逆行するような、時代が戻ったかのような景色だった。制度が整うほどその景色は広まり、浸透していると感じる。現在進行形で。

制度の進展に比例して公的サービスの利用者が増えた。この現実はそれまでの私的サービスの利用者が減ることを意味していた。実際には、減るという表現よりも、激減や消滅のほうがニュアンスは近い。「高額」な利用料による私的サービスは敬遠され、より安価な公的サービスが歓迎された。誰しも懐は痛まないほうがいい。しかし後に、「高額」と認識されるようになる私的サービスを、人によっては毎月万単位で利用していた。私的サービス真っ盛りの頃は何人もの利用者から事業拡充のために〝利用料の値上げ〟を提案されたことが嘘のような大転換だ。

ひとみさんが言うように「障害者はいなくなった」のかもしれないが、かくして「お客さんもいなくなった」。しかし、問題はそこではない。その裏側で起きているとである。

2 制度が整う裏側で（2）

消え失せるオーダー

私的サービスが、減少・消滅したということはどういうことか。毎月あんなに自由な発想で遊びにいきたいと希望があったのに、めっきりオーダーが減った。正しくは量的に減っただけでなく、質的にも変わった。自由な発想（それが叶うかどうかは別として）のオーダーが減り、どこか定型的なオーダーになった。今度の旅行はどこに行こうかと悩んでいたのに、障害のある人同士のデートの付き添い（これがなかなか難しい）もそれなりに頼まれていたのにすっかりなくなった。障害のないきょうだいたちのサービス希望に至っては、ほぼ壊滅状態だった。

福祉制度の進展により高額な私的サービスが敬遠されることになったが、その結果として、小さくてもたくさんあった夢や希望のある個別的なオーダーそのものが社会から消え失せた。見えなくなった。人の希望はそんなに簡単に変わるものではないと思うが、少なくとも見かけ上は大幅に縮減した。私的サービスがさかんに利用されていた頃のような、自分の気持ちのままから発せられるサービスへの希望。周囲にも自分にも忖度《そんたく》しない、いわば「裸の希望」は息を潜めた。あんなにたくさん、しかも豊かにあったオーダーは消え失せた。表面的には私的と公的の違いだが、その奥底では異質への変化、水と油のような性質の変化を感じる。

　措置制度から契約制度に転換して20年を超えた。この間、制度に沿った公的サービスで、人々は豊かに暮らしているのだろうか。

　例えば、先の雅子さん（71頁参照）。彼女は毎週金曜日の午前中に家事援助を希望していたが、ヘルパー不足で相談員の私が紹介できたのは、違う曜日の違う時間帯のヘルパーだった。彼女は不承不承、提案をのんだ。ヘルパーに限らず希望する時間に希望するサービスを利用できずにいる人は大勢いる。人手不足などを背景に、利用者もサービス提供者も本来の希望を忘れる（フタをする）ことにすっかり慣れっこのようだ。慣れっことは、消え失せるオーダーどころか、そもそもオーダーの原形が本人も支援者もわからなくなっているということだ。このような状況のなかで、大切な本来の希望、本当のオーダーは危機に瀕している。身体的な、あるいは心理的な、本人にとってはなくては困る希望までもが、支援者はおろか本人からも黙殺されていないだろうか。
「裸の希望」はどこにいったのだろう。

変わる事業者たち

制度が進展するなかでサービス提供者側も変わってきた。「い〜な・い〜ず」は活気があった頃には、先輩事業所、後輩事業所がたくさん存在したが、障害のある本人が制度を利用し、事業者も制度を利用するなかで私的なサービスへの熱い眼差しはどこかへいった。ほとんどの事業所は制度に吸収され、あるいは制度に淘汰され、現在も残っている事業所は往事の面影はない。「裸の支援」に熱くなる人はもうわずかしかいないだろう。

そんな時代の流れを感じているときに制度の進展と福祉事業の現実を強く意識させる出会いがあった。今も忘れられない光景。研修会である町に訪れたときのことだった。

その町にはよくある飲み屋さんがいくつも入る小さなテナントビルがあった。電気がついていない看板が多く、少し寂しさを覚えながらそのビルを通りかかったときだった。明かりはついていないものの、比較的新しい看板を見て飛び上がるほど驚いた。その看板には「児童デイサービス〇〇」と書いてあった。見た目

で明らかにそれ専用とわかるビルで、なぜ福祉事業が営まれているのか。そのようなビルが悪いと言いたいわけではない。なぜその環境で福祉事業が成立できるのか。こどもたちは特に不自由さを感じないのかもしれないが、一目で元スナックとわかるその空き店舗でなぜ「営業」されているのか。事業者の思い、そこで日々働くスタッフの思い、そこに我が子を通わせる家族はどんな思いなのか。どのような事情があるのか知る由もないが、今の制度、今の時代のある側面を暗闇のなかで照らしているような光景だった。

「裸の希望」と「裸の支援」

実は、「裸の希望」も「裸の支援」も背中合わせ、セットでないと双方が生きていけないかもしれない。〝裸〟と表現しているのは、周囲に忖度せず自分にも忖度しない、自分そのもののことだ。周囲とは曜日や時間やお金や仕組みなどであるが、代表格は制度だろう。裸の希望がすべて叶うわけではないだろうし、裸の希望に対して裸の支援がなんでもできるわけではないし、あえてしないこともあり得る。しかし、大事なことはできる・できないとか、する・しないとか、叶う・叶わないとかではなくて、その葛藤の時間を一緒に過ごすことではないか。支援とは「裸の希望」を受けとめながら、その本人とともに「裸の支援」を一生懸命探すことではないか。そこに「営業」が介在することは難しいだろう。そんな他者であり続ける、そんな支援者であり続けるためには自分なりの価値観、行動の軸が必要だ。

時代の歯車が回り、制度が生まれ整ってきた。しかし、とても皮肉なことに歯車が回れば回るほど、本当の希望、ニーズは表舞台から見えなくなったし、それに応えようとする他者も見えなくなってきたのかもしれない。しかし、それらは見えなくなっただけで消滅したわけではないはずだ。

3 支援者の育成

オンライン研修か、対面研修か

北海道の障害福祉関係のサービス提供や相談支援の法定研修にかかわっている。法定研修、すなわちそれを受けないと営業できないというものだ。さまざまな制度や仕組みができはじめるのと並行して、それに携わる人材の育成も整備されてきた。国が示すカリキュラムに沿いながら、各都道府県で創意工夫しながら研修が進められていることだろう。公的障害福祉サービスの現場責任者等を育成するという意味で、公的で大がかりな支援者育成の機会だ。であるので、大きな意味では国の福祉人材、支援人材を育成する大がかりな仕掛けであり、その中身や質は相当に重要といえる。特に近年は福祉業界の人手不足の裏返しで、大学や専門学校等で福祉やソーシャルワーク、介護などを系統的に学ぶ機会を経ないで実践現場で働く人が増えているので、なおさら法定研修のもつ意味は大きい。

そんな重要な研修の機会であるが、新型コロナへの対応から一気にオンラインによる研修が増えたことで新しい課題が浮上してきた。新型コロナへの対応時には、やむを得ずオンラインによる講義、オンラインによる演習、オンラインによるグループワークなどがなされてきた。やむを得ず、すなわち緊急的な対策としてのオンライン研修だった。しかし、数年にわたって実施されてきたオンライン研修によって、その利便性が広く認識されるようになった。北海道は広域に人が暮らし、福祉事業所も各地に点在している。研修のために札幌のような特定の地域に集まるだけでお金と時間がかかる、遠い地域では2日間の研修のために前泊、後泊が必要で計4日間職場をあけることになる。しかし、それら時間とお金の保証はどこからもない。このような事情から、講義などのいわゆる座学はオンラインが当たり前になりつつあるが、話はここでは止まらず、研修すべてが「オンラインでよし」とする風潮が広まっている。その理由はお金と時間をかけたくないだけでなく、演習のようなグループワークで自分の意見を出したり、違う意見の人と話し合ったりすることが苦手だし面倒だということのようだ。かくして、受講者も運営者も研修は「オンラインのほうが楽」ということになる。

楽な対人支援

福祉にかかわらず、いわゆる「対人支援」とは人を相手にしている。当たり前のことだ。それを生業にしている場合、「その結果」で何らかの報酬を得ることになる。生業の対象にされている人からすると、「その結果」は極めて重要だ。これも当たり前のことだ。では「その結果」とは、どのようなプロセスを経て到達するのか。

人を相手にするのだから、まずその仕事の対象である「人を理解する」必要がある。ここが出発点であろうがこれがなかなか難しい。一つには自分という人が変化すること。そのうえでその変化する自分が相対する人も変化し、変化する者同士がさまざまなやりとりするなかでさらに変化が起こること。このようななかで自分の身体を通して、自分の五感を通して得られる情報から相対する「人を理解する」に近づこうとする。いわゆるアセスメントというものだが、これは難しいというか極めて困難な、いや自分などは永遠にわからないことを追いかけ続ける、まるでゴールのない旅のようだといつも思っている。

次に、その人の思いや希望や困りごとなどに沿いながら、いつ・どこで・何を・誰と・誰がいつまで手伝うのか、手伝わないのか。いわゆるプランニングだが、これも一筋縄ではいかない。まして一人（一機関）だけの力でできることはたかが知れているから、関係するさまざまな人たちとのやりとりを経ることになる。そして、これらのプロセスを経て、やっと実際の支援が実行されることになる。その中身は一言でいえば、「支援」だろうし「実践」だろうが、その奥深さはみなさんがご存じのとおりである。

これらはすべてが、人が人との間、しかも多様な人たちとの間でのやりとり抜きには成立しない。ここまでみたときに、これらに関する研修のあり方はどうだろう。このような対人支援の複雑さ、多様さ、奥深さを知るには、自分の言葉で語り、自分の目と耳と身体で他者の話を聞き、意見の違う複数の人たちとの間で汗を流す。そんな営みを我が身で体感する必要がある。例えば大工さんがカンナをかける腕を磨くために、読書ではなく現場で木と格闘するように。

「楽な研修」はあるのかもしれないが、「楽な対人支援」など存在しない。「オンラインのほうが楽」だというなら、対人支援の仕事には就かないほうがいいだろうし、そのような理由で実施される研修は、もはや別の研修だということになる。楽にできる対人支援があったとして、そんな支援のお客さんになりたい人はいるだろうか。

4 支援者の要件

求められる支援者

先の障害者総合支援法の目的のような社会を願うし、そのように時代を進ませたい。自分が暮らすこの広い北海道を含め、日本の隅々がそうあってほしいと願う。しかし、現実は法律の理念の逆の光景も存在する。

一つの側面は先のテナントビルの福祉事業に象徴される。この福祉事業の中身は知らない。スナックの空き店舗ですばらしい実践が展開されているかもしれない。むしろそうであってほしい。しかし、問題にしたかったのはその入れ物を選択する運営主体であり、それを認める（認めざるを得ない）仕組みだ。法律や制度は理念や向かう方向を条文で明示している。その制度を運用する運営主体は、一定の要件を満たす必要はあるものの、実際には底に流れる価値観や現場の実践を含めた運営力には相当の幅がある。なぜなら、例えば次のようなことに対する理解や態度は満たすべき要件には入っていない。

この国で病気や障害のある人がどんな歴史をたどってきたのか、国や自治体、制度はどうかかわってきてこれからどうしようとしているのか。人の権利とは何で、過去から現在、そしてこの先の社会でどう位置づけられていくのか。人の成長や発達、障害や病気に関する知識や理解の深さはどうか。支援とは何で、何ではないのか。目の前の人を大切にする姿勢を持ち続けられるのか。「国民が相互に人格と個性を尊重し安心して暮らすことのできる地域社会の実現に寄与」しているか、するつもりはあるか。自らを振り返り問い続けられるか等々。

こうして、かたや制度はそこまで求めてもいないし、誰からも請われていないのに、障害のあるなしにかかわらず、人を大切する社会を目指し、自治会や商店街とつながるために、自腹であれこれアクションを起こす福祉事業所もあれば、理由はともかくスナックの空き店舗で営業をスタートさせる事業所もある。そして、どちらも同じ福祉事業所として認められ、同じく制度に沿って報酬が支払われる。

では一方で、専門学校や大学等で福祉の歴史や価値観を専門的に学んできたことが事業者としての要件、支援者としての要件を満たすのか。実際には、必ずしもそうとは言いきれない。

米はブレンドかブランドか

ある研修会終了後の雑談で、グループホームの管理者の話にハッとさせられたことがある。「お米はやっぱり北海道のブランド米でしょう」という彼は続けて「少しでも美味しい米を食べてほしいって思うんだよね。だから安いブレンド米を利用者に出すことはしたくないんだわ」と話す。しかし、経費はカツカツなのでアンテナを張って少しでも安い店を探す毎日だそうだ。自分は元営業職で福祉の勉強をしてきた人間ではないけれど、利用者にはおいしいご飯を食べてほしいという。強い口調で話す彼のプライドや価値観が見えたような気がした。

お米の好みは人それぞれだが、制度は利用者のためにどんな米を出すか、ブレンド米かブランド米か、そして米の選択にどれくらい手間とお金をかけるかまで事業者に問うてはいない。お金（報酬）が出ても出なくても、結局目の前の利用者とどう向き合うのかは運営主体、スタッフに任されている。試しているのは制度ではない。制度は理念を明示するが、それを具現化する細部の実践までは問うていない。いや、制度では問えないのかもしれない。そうなると試しているのも試されているのも自分ということになる。

人の暮らしと福祉制度

既存のサービスには隙間があるので、それを埋めるために新たに○○のサービスを始めたと耳にすることがある。仕組みがないよりはいいのだろうが、新たな問題や課題が提起されれば、新たな分類の制度がつくられる。皮肉なもので、属性や課題ごとに制度が存在するので、当然隙間は生まれ続ける。この発想で制度が誕生する限り、隙間は減るどころか隙間は生産され続け、新たな会議と支援者と資格が登場することになる。

人の暮らしに隙間はない。人の暮らしは朝起きてから寝るまでずっと途切れることなくつながっている。その連綿とした暮らしの営みに何か手助けがほしいときに制度が必要なことが起きる。

水道を思い出してみる。朝起きて顔を洗いたいから水道の蛇口をひねる。昼を過ぎてコーヒーを飲みたくなったから、コーヒーメーカーに水道の水を注ぐ。それが叶うのは公共事業としての、制度としての水道が常に暮らしの後ろ側で待機してくれているからだろう。水道が前に出るのではなくて、人の暮らしの後ろで、当たり前の背景として存在してくれている。加えて水は、それを使う人によって量はもちろん、形も温度も自由に変えることができる。水道の全国普及率は98%を超えるという。日本に住むほとんどの人が恩恵を受けていることになる。

暮らしの隅々にあって、しかも出しゃばらない。必要なときにだけ登場する水道は、普段意識することはないが暮らしの底を支えてくれている。どうも福祉の制度、仕組みはそこまでは到達していない。というか、そのような発想では存在していないようだ。制度に依拠しなかった私的サービスの「い～な・い～ず」や「ぴっころ」での営みがヘルパー制度に置き換わったとき、例えば、「爪切りはできません」とか「仏壇の花の水やりはできません」となった。理由は「日常生活の援助の範囲」を超えるからだそうだ。個人として尊重されると謳いながら、「その人の日常」や「その人の生活の範囲」を一律に決めるところが、そもそもの発想の違いの根本だろう。

人は制度に沿って暮らしているわけではない。人の暮らしにとって制度とは一つの道具だろう。届いた封書をきれいに開けるためのハサミであったり、晩ご飯のためにネギを刻む包丁であったり。制度はそれらとは違い、目に見えないし手で触れることもできない。だから無意識に制度という道具の手のひらの上にのせられて、いつの間にか制度に従って生きることに慣れてしまうのかもしれない。道具は使うもので、使われるものではないはずなのに。

視点：不確実性への耐性（ネガティブケイパビリティ）

10
結論が出ないことを恐れないという専門性

自分たちの仕事が非効率的で、非合理で、
価値のないものと思えている人がいるのなら、
私は声を大にして言いたい。こういう時代だからこそ、
私たちは時間をかけてかかわることを、
あえて選択してもいいのではないだろうか。

1 解決してすっきりしたいという誘惑

精神科で学びを深めていた学生の頃、福祉の仕事から医療の仕事に乗り換えようかと本気で考えた時期があった。当時、私は福祉の仕事が、なんだか誰の役にも立たない仕事のように思えたのだ。傾聴と受容と共感を武器にどれだけ丁寧に仕事をしても、精神科の疾患はよくなるわけではない。就職が決まった途端に再発する。結婚したと思ったら具合が悪くなる。福祉がどれだけ頑張って利用者の願いを叶えても、それほど幸せになるようには見えなかった。熱心にかかわっていたつもりでも、自殺してしまう利用者もいた。結局、福祉には何も解決なんかできないのではないだろうか。そんな気持ちが大きくなっていった。とにかく、解決してすっきりしたいという誘惑との闘いだった。医療の仕事がすっきりする仕事だとは、今では全く思っていないけれど、とにかくその頃はすっきりしたかったのだと思う。

今思うと、その頃の私は、福祉の仕事が何なのかよくわかっていなかったのだ。困っている誰かの話を聴いて、励まして、がんばる力を引き出す、それが福祉だと思っていた。だから、結果がほしかったのだ。前より元気になった、仕事ができるようになった、結婚して幸せに暮らせるようになった、と。困りごとは解決したという結果があれば、安心できる。自信もつく。しかし、そんなにわかりやすく解決することがない、というのもまた福祉の仕事の特徴なのだ。多くの場合、本当に多くの場合、解決したかどうかもよくわからないというのが実感だ。

物事が解決しないまま進んでいく状況に、ストレスを感じる人は少なくないのではないだろうか。私もそのなかの一人だ。しかし、なかなか問題が解決しない状況と長い間かかわっていくと、かかわり続けることが唯一の解決策なのではないかと思うこともある。解決にこだわっているのは、利用者ではなく、支援者のほうなのではないかと。

最近、地域で仕事をする、例えば相談支援専門員たちは、福祉だけではなく、医療や教育や司法など他分野の専門職と連携する機会が増えてきた。これまでは、福祉は福祉だけ、障害分野は障害分野だけで仕事をする機会が多かったわけだが、他分野の専門職とふれ合うと、そこには圧倒的な異文化を感じることもある。そのなかの一つに、解決しないことへの取り扱い方がある。

他分野の専門職から、苦情にも似た訴えが事業所に届くことがある。動きが遅い。解決のための嫌な役割を積極的にこなそうとしない。利用者を指導しようとしない。こんな声を耳にするたび、解決の誘惑が目の端でちらつくこともある。さっさと解決することができたら、どんなに楽だろう。さっさと施設に入れてしまえば、さっさと福祉サービスにつないでしまえば、支援チームのみなさんも一安心だし、地域住民も一安心。だから、さっさと動いて、さっさと解決してくれないと苦情が来るのだということは痛いほどよくわかる。

しかしながら、それは本当に利用者本人の安心につながるのだろうかと考えたときに、動きが遅くなることもある。ある利用者は福祉サービスを使うことで自分は幸せではなくなったという。どうやったら入所施設から出ることができるかとくり返し質問してきた人は、「今までどれだけ自分が続けたいと頼み込んでも仕事を辞めさせられてきたのに、辞めたいと言っているのに辞めさせてくれない場所は初めてだ」と言っていた。まるで、監禁されているみたいにサービスのことを語っていたのだ。サービスにつなぐことが、地域から排除されたと感じさせ大きな心の傷になることもある。

もし、ただ単に、利用者に嫌われたくなくて言いづらいとか、修羅場になるのが怖いとか、支援者側の都合で動きが遅いのであれば、苦情も甘んじて受け入れなければならない。しかし、動きが遅い理由が、その解決策が本当に相手の幸せにつながるとは思えない場合は、解決しない道を選ぶこともまた支援となる。この解決策で安心するのは、周囲の人たちであって、利用者本人ではないのではないか。周囲の安心のために、利用者を犠牲にするのであれば、それは間違った選択肢なのではないか。そんなことをつい考えてしまう。

福祉だけが利用者側に寄り添っているわけではない。どの職種も皆、その立ち位置で最善を考えているのだと思う。そのなかでも、とりわけ福祉は利用者側に立たざるを得ない宿命をもっている。なぜなら、福祉の目指すべき理念は、幸せと深く結びついているからだ。命が守られても幸せでなかったら生きる意味があるのだろうかと、考えなければならない役割もある。だから、それが本当に利用者本人の幸せにつながるのかで、最後にブレーキをかける門番みたいな仕事をせざるを得ないところがある。一方で、健康や命を守る専門職や、必要な年代に応じた学びを保障する専門職は、ブレーキをかけたくてもかけてはいけない専門的な事情があったりする。だから、もしかすると、平気でブレーキをかける福祉職が羨ましかったり、妬ましかったりするのかもしれない。

そんな他分野との葛藤のさなかでも解決の誘惑はたびたびやってくる。とりあえずでも、少しでもすっきりしたい。だから、何かを解決に向けて踏み出すたびに、これは本当にその利用者のために、早急に解決すべき案件なのか、自分(支援者)のすっきりしたい誘惑にすぎないのかを自分に問う。納得しないまま、これが解決とはとても思えないと感じながらも、その解決策に動かざるを得ないこ

ともちろんあるが、自問自答は省略してはいけないのだ。それが、門番の宿命なのだとも思っている。

2 時間の流れと文化の違い

福祉職にもいろいろあるが、障害福祉の分野には、かかわる期間が圧倒的に長いという特徴がある。幼児期に出会い、学齢期になり、成人になり、高齢になっていく一人の利用者にずっとかかわり続けることもある。担当職員は変わったとしても、事業所としては引き継いでいくことを考えると珍しいことではない。特に相談支援の事業所では、これからはそういう長いかかわりがどんどん増えていくはずだ。そこまで長くないとしても、5年とか10年とかいうスパンで利用者のことを考えるのは、障害福祉の現場では珍しいことではない。ずっと前からそういうスパンで相手のことを考える文化は根づいている。今、早急に対応することが、長い目で見たときに利益にならないかもしれないという選択肢は、私たち障害福祉職の手のなかに常にあるような気がする。

翻って他の分野はどうだろう。例えば、学校にいる多くの教員たちは自分が担任であるときは責任感も強く熱心にかかわるが、担任でなくなれば次の担任にその責任は引き継がれる。医療の場合も、ある程度治ればそこで関係性は終了する。高齢者介護の現場では、10年先よりも、今の問題がずっと重要になるのもよくわかる。すぐに解決することに価値がおかれていると感じることも少なくない。これは、おそらく圧倒的な背景の違いにある。教員たちは自分が担任である1年か2年のうちに何か結論を出したいと思うだろうし、何も解決されなければ「あの先生は何もしてくれなかった」という評価になりかねない。そういう時間的にシビアな環境で仕事をしているのだと思う。その分野にはその分野に応じた時間の流れがあり、その時間の流れのなかで仕事をしているのだ。

障害福祉職は、急ぐこともちろんあるが、その仕事の多くが急ぐことを求められていない。言葉では「急ぐ」と語る場合も、かかわってみるとどちらかというと、時間的な速度のことではなく、重要視してほしいという意味合いで「急ぐ」が使われることも多い。そのため、私たちは、仕事の本質がわかるほどに、急がなくなっていく。

高齢になってから入所施設に入ってきた利用者が、こんな幸せな楽しい場所があってよかったと言っていた。私がこんな集団生活のなかでは誰も幸せになれないと決めつけた施設の生活を楽しいと言い、「この楽しさを死んでも忘れない」と、言い放ったのだ。

人は、一人ひとり違っている。感じ方も違えば、歩んできた人生も違う。前の暮らしと比べて幸せかどうかを判断する人もいれば、比較なんて概念が全くなく、今を生きる人もいる。人の幸せを応援するという仕事は、謙虚にその人の人生に寄り添わなければ、絶対に光が見えてこない仕事なのだ。そして、その人の人生を理解するためには、その人の歩んできた道のりなりに時間がかかる。


時間をかけて、理解をすること。

時間をかけて、関係をつくること。

時間をかけて、方向性を見極めること。


わかったような気になって、解決したような動きをしても、結局は何も解決していないことがよくある。時間をかけてニーズをアセスメントしていくと、「解決してほしくない」というニーズがあることに気づき、相談に来た本人も、相談された私たちも驚くことがある。私たちの仕事にはそういう特徴があるのだ。

そういう意味で、福祉の仕事、こと障害福祉の仕事は今の時代で人気の職業になるのは、とても難しいことなのかもしれない。時間がかかり、効率よく進まず、

結果が出たのか出ていないのかよくわからず、自分が役に立っているのか、立っていないのかも実感できず、それでも日常は進んでいく。タイパ[★1]とかコスパ[★2]とかいう言葉を最近よく耳にするが、そういうものともっとも遠い場所にある世界のようにも思える。効率的なことが合理的で価値が高いというのであれば、私たちの仕事は本当に時代に合っていない仕事だと思う。でも、利用者は増え続け、支援者が減り続けている今の時代を考えると、こういう時代が人間に合っていないので、支援のニーズが高まっているようにも見えてくる。時代の波のなかで、自分たちの仕事が非効率的で、非合理で、価値のないものと思えている人がいるのなら、私は声を大にして言いたい。こういう時代だからこそ、私たちは時間をかけてかかわることを、あえて選択してもいいのではないだろうか。解決しないものは解決しないし、解決したくないものは解決したくないのだから。

もちろん、障害福祉職にだって本気で急ぐことはある。例えば、虐待の疑いがあるとか、権利が侵害されていると感じる場合だと、いつもの時間の使い方とは真逆のスピードで解決を急ぐこともある。急げないわけではないのだ。急ぐことだけが重要とは思っていないだけなのだ。

人間というものは、きわめて非合理的にできているとも思う。問題があったほうがみんな親切にしてくれると感じとれば、本当は解決したいはずなのに、解決

★1 タイパ
タイムパフォーマンスのこと。

★2 コスパ
コストパフォーマンスのこと。

されたら生きていけないと無意識に解決しない行動をとるようになる。それでは迷惑だからといろいろ対策を練ったとしても、合理的な落としどころに収まるとは限らない。だから、福祉の仕事をする人には、もやもやと生きる耐性のようなものが必要になってくる。

想定外のことを問題と感じず、「そう来たか！」と楽しむような余裕も必要になってくる。また、想像もつかないような解決方法に出くわしたとき、そのような方法を編み出した人をリスペクトする（尊敬・敬意を払う）ような感覚も必要だと思う。長いこと解決しない問題に向き合うときには、きっと本人が何かしら自分らしい落としどころにたどり着くはずだという楽観的な見方も必要になる。利用者の力を信じることは、時間がかかることが必ずしも悪いことではない根拠にもなる。私たちは、一人ひとり全く違っていて、非合理なところもあり、なかなか思いどおりにならない「人間」という生き物なのだ。福祉職はそういう人間にかかわる専門職なので、権利侵害にとてもシビアかと思えば、その人の選んだ幸せにゆるくゆるく寛容であったりする。

結論が出ないことを恐れない、という専門性が求められる職業なのだと思う。

あとがき

まさに年寄りの昔話。

大友さんがアカデミックからスタートしているとすると、自分は感情や情念、思いから出発している気がする。そもそも障害福祉の仕事にかかわる直接のきっかけは、高校時代に『もぐらのじだんだ―ちえ遅れの子　川上重治写真集』（川上重治著、読売新聞社、１９７２年）という当時の日本の障害児者の命、暮らしを切り取った写真集を見てしまったから。高校生の自分はなんてひどいことが起きているんだと感じて、急に障害や福祉のほうにハンドルを切ったことを覚えている。そして、進学した大学では、今思ってもびっくりするくらい様々な障害のある先輩、級友、後輩がいて一緒に日常を過ごしていた。振り返るとそこでの一番の学びは、ゼミやサークルの仲間とのにぎやかな毎日と、先輩から代々引き継がれていた梅田屋での夜通しのバイト体験だったと思う。そんな学友や酔った客とのやりとりの数々、自分の身体を通っていたごったな体験こそが重要な学びだった。

大学の在学中の福祉実習先のなかには、施設で飼っている豚の世話をする実習の日課があった。豚の飼育はもはやソーシャルワークどころか、ケアワークでも福祉でもない。でも、その施設ではそれを含めて利用者の生活の一部であり、職員の仕事の一部であり、さらにその小さな町の一つの産業でもあった。そう考えると、個々の施設利用者を考える地続きに豚の飼育もあり、さら地続きで施設の役割と町の産業があるわけで、今考えると、これらに向き合うためには豚の飼育から町づくりまで一体的に考える脳みそと向き合える身体が求められていたのだと思う。

ソーシャルワークとケアワークは切り分けられ、ソーシャルワークの技法にはネゴシエーションやファシリテーションなどがあるとされる。確かにそうだろうが、実践現場とは、それらが溶け込んで一体となっている場所だと思う。混沌とした暮らしのなかで混沌としながら行きつ戻りつする。そんなことが、この本で書きたかったことの一つだった。

この数年、障害領域のほか高齢領域や生活困窮者支援や重層的支援体制整備事業等で、一般住民を含めた多様な人たちとディスカッションをする機会が多い。よくいう「事例検討」である。自分としてはこの名称そのものに違和感を覚えるようになったが、それを脇におくと、事例検討を通して様々な地域の、本当にたくさんの人たちの人生にふれる機会をいただいている。そこではいつも、人の人生と「支援」について深く考えさせられる。その体験が間違いなく自分の思考と身体を鍛え、この本の一部としても外に出てきたと思っている。

あらためて考えると「支援」という営みは、目的地にたどり着かない旅のようだと思う。相手を理解する努力を続けてもずっとわからないし、その自分自身がどうあるべきか、どうしたいのかをいつまでも問い続けている。さらには、そんな相手と自分の間で起きるあれやこれやに悩む日々。正解を追い求めるが、いつまでも正解がわからない。こんな具合に支援という営みは正解を探し続ける旅のようだ。ただし闇雲に方向も決めず旅をするわけではない。向かう先、向かいたい方角はその人の思いであり、その人を大切にしたいという方角。

その人を理解しようとするとき、例えば身長はどのくらいで体重はどのくらいかとか、病気や障害の診断名とか、運動や知的活動の諸検査や学校の成績とか。関係する人たちからの評価や評判を気にする。どれもその人を知る重要な手がかりだと思う。ただし、それらは外側からの景色であり、それに基づく解釈ということになる。でも、外から観測、観察しただけでは、その人の理解には行き着かない。

相手の外からだけではなく、相手の内から出発して理解しようと努力する。その人がこれまで見てきた情景、今見ている景色、そしてその人が見つめている未来。その理解に近づくために、その人の歴史を教えてもらう。どんな道を歩いてきたのか。まっすぐなのか曲がっていたのか。登りなのか下りなのか。坂の傾斜はどのくらいで長さはどうだったのか。砂利道なのかアスファルトなのか。誰と歩いてきたのか。その時々の歩みのスピードはどの程度か。息切れしていなかったのか。家族や友人も登場すると思う。出会いや喪失の時に抱いた思いはどうだったのだろう。喜びや悲しみ、安堵や痛み。その人が見てきた景色は複雑でその時々の感情は無限に広がる。そんな延長線上に、そしてもろもろの感情が折り重なった先で、今その人は自分の目の前に立っている。

自分のことは自分の場所から見つめることができる。考えることができる。同じように、他者のこともその人の立っている場所から見つめる、考える努力をする。自分ではなく目の前のその人の場所に移動し、そこから見える景色を探しにいく。こんなことが支援という旅の出発点だと思う。この旅の方角はわかるものの目的地は定かでない。でも、出発する場所ははっきりしている。

「支援」にまつわるあれこれを、自由気ままに書く機会をいただいた。自分にとっては、はじめての体験だったが、自由大好き人間のくせに自由に書くのは話がまとまらず、迷走の連続だった。それでも編集の佐藤さんが「この本はお二人の集大成（↑勝手に佐藤はそう思ってます）なので、心残りがあってはいけません」と励ましてくれたお陰で最後までたどり着けた。感謝したい。そして、随分前に40過ぎのおじさんの人生を変え、今でもこの本の内容をおもしろがれる人、つまり大友さんのように相手をしてくれる人が不可欠ということが身に染みた機会でもあった。

支援の旅の行程は果てしないかもしれないが、それ故におもしろく奥深い。果たして、その人から見たら、支援者と称する自分はどう見えているのだろう。少なくとも、その人が見ているだろう未来を自分も見られるように。そんな場所にいたいと思う。

２０２４年12月　大久保 薫

あとがき

本当は昔話を書くつもりはなかったのだが、書いていくうちに、どうしても自分が何でつくられているのかを考えることになり、結果、昔話ばかり書いてしまった。若い頃、年配の人はどうして昔話が好きなのかと思ったわけだが、年を重ねると昔話がしたくなる理由がよくわかる気がした。

いつでも文章を書くときには、宛先をイメージしている。今回は、障害福祉の業界でいろいろあっても頑張り続けている仲間に向けていたような気がする。編集の佐藤さんに「私」でなくて「私たち」でいいのですか？ときかれて、そのことに気づいた。私が私たちと主語を複数形にするのは、仲間たちの声という意味で書いているからだ。そういう意味で、ここに書いたことは、個人的な話であり、福祉を福祉として実践したいと思って踏みとどまっている多くの仲間たちの声であり、まだ知り合っていない同じ気持ちの人たちへのエールであり、引き継ぎの気持ちもこめた文章でもあったと思う。

支援の仕事が専門職であってほしいのは、権威のためでも、誰かに認められたいからでもなく、ただただ、世の中で大切にされていない人に気づくためだと思っている。それは、あまりにも多種多様な状況で起こることなので、すべてに対応することはとても難しく、だからせめて、私が出会った人たちのことを真剣に考えていきたいと思って仕事をしてきた。私は障害のある人に出会ってしまったから、強度行動障害の状態にある人に出会ってしまったから、その人たちの福祉を考えることにした。でも、相手が言葉を使う人であっても、使わない人であっても、使ってはいるが独特な使い方をしている人であっても、結局やってきたことは変わらなかったように思う。なんとかして、相手のことを理解したいと思うこと。そして、理解した内容でできることは何だろうと考えて工夫すること。ただそれだけだと思う。

　これを、社会福祉やソーシャルワークのテキストでは、「アセスメント」と呼んだり、「プランニング」と呼んだり、「インターベンション」と呼んだりする。カタカナで書くとかっこよくなる。専門的な感じがする。

「でも、カタカナソーシャルワークでは実践できないんだよね」と言った大久保さんの言葉がきっかけで、カタカナソーシャルワークを愛し続けてきた私は、カタカナソーシャルワークを泥臭く解説したくてたまらなくなってしまった。そうして、この本をつくる話がスタートした。書いてみてわかったことだが、私の福祉従事者人生はどう考えてもアカデミックにスタートしている。諸先輩方が福祉職を専門職にしたいと情熱を注いでいた時代と大学で研究職の方々に囲まれたアルバイト経験。福祉職を専門職にするために理論的になることや強い自覚をもつことを、骨の髄から叩き込まれていたのだ。どう考えても私はカタカナソーシャルワークから生まれている。

　しかし、このカタカナソーシャルワークを鮮やかに色づけてくれたのは、どう考えても未熟な私に相談し続けてくれた、支援され続けてくれた利用者一人ひとりなのだ。その人生にふれるたびに、自分が自分を守るために身につけている、カタカナの鎧（専門的にわかったふうな気持ちとか、専門的に解決しようとする手法とか、専門的に上に立とうと無意識にふるまうとか、そういった自分を守るための専門性）を、一つ、また一つとはがされていく感じがあった。いったん丸腰になってかかわってみたら、私よりこの人のほうがずっと生きることに貪欲だと気づいたり、生きるための力が強いなと思ったりするようになる。そして、そこが出発点になるのではないかと思う。相手に対する敬意が生まれたら、その敬意を忘れずに、せっかく身につけたカタカナ（専門性）の力を使って、「私にできることがあれば、かかわらせてください」という立ち位置になれる。そこで、ようやくカタカナの出番となる。

大久保さんが「この本は支援の話を書いているようで、実は支援の手前の話を書いている」とつぶやいていたのだが、なるほど、本当にそうだと思う。ソーシャルワークをやりたければ、手前のところにある、もやもやしてドロドロした何だかわからない部分を通り抜ける必要がある。それを一番言語化したかったのかもしれない。

私が何かソーシャルワークについて語ったり、文章を書いたりすると、すかさずそれを批判してくれる恩師がいた。大学でのアルバイト時代に毎日のように私に議論を吹っ掛け、私を鍛えてくれた恩師だ。この原稿を書きながら、こう書いたらなんと反論されるだろうとか、こう書いたらどんな質問が来るのだろうとか、無意識のうちに考えている自分がいた。原稿をほぼ書き上げたところで、その恩師がすでに他界されていることを知った。「なんということだ、やたら身近に感じると思ったら、そういうことだったのか」と思いながら、自分を育て、影響を与える人に恵まれる幸せを痛感した。

私のような幸せを感じる支援者を育てたい。そのために、もやもやとドロドロに付き合い続ける人でありたいと思っている。

２０２４年12月　大友愛美

著者略歴

大久保 薫（おおくぼ・かおる）

▶はじめに、1・3・5・7・9、あとがき

札幌学院大学特別任用教授、社会福祉法人あむ理事、特定非営利活動法人北海道地域ケアマネジメントネットワーク代表理事、特定非営利活動法人野中ケアマネジメント研究会代表、社会福祉士、精神保健福祉士、主任相談支援専門員
1979年日本福祉大学社会福祉学部卒業。障害乳幼児療育機関、重症心身障害児施設勤務を経てパーソナルサービス起業。2001年より札幌市障がい者相談支援事業、2013年より札幌市基幹相談支援センター長、2020年より現職。北海道自立支援協議会、人材育成のためのNPO法人等で北海道内の人材育成に携わっている。共著に『三訂障害者相談支援従事者初任者研修テキスト』、『多職種連携の技術』、『障がい者ケアマネジメントの基本』、『実践！障がい者ケアマネジメント』、『障がいのある人への本人主体支援　実践テキスト　第2版』（以上、中央法規出版）がある。

大友愛美（おおとも・よしみ）

▶序章、2・4・6・8・10、あとがき

特定非営利活動法人ノーマライゼーションサポートセンターこころりんく東川副理事長。

1987年北星学園大学文学部社会福祉学科卒業。知的障害者入所施設勤務を経て無認可事業所サポートセンターぴっころを開設。2010年より現職。2009年より旭川市自立支援協議会会長（2017年まで）。行動援護従業者養成研修中央セミナー、強度行動障害支援者養成研修指導者研修プログラム作成などに携わっている。著書に『ともに暮らすためのレッスン』（CLC）、共著に『強度行動障害のある人の暮らしを支える』、『強度行動障害のある人を支えるヒントとアイデア』、『障がいのある人への本人主体支援　実践テキスト　第2版』（以上、中央法規出版）がある。

ライオンを飼いたい
障害者支援の手前にあるもの

2025年1月20日　発行

著　者	大久保薫・大友愛美
発行者	荘村明彦
発行所	中央法規出版株式会社 〒110-0016 東京都台東区台東3-29-1　中央法規ビル TEL 03-6387-3196 https://www.chuohoki.co.jp/
印刷・製本	株式会社ルナテック
イラスト	さわたきしずく
ブックデザイン・DTP	武田理沙・永瀬優子（ごぼうデザイン事務所）

定価はカバーに表示してあります。
ISBN978-4-8243-0178-9

A178